健美操

全民健身项目指导用书

左宁宁◎主编

吉林出版集团股份有限公司　全国百佳图书出版单位

图书在版编目（CIP）数据

健美操 / 左宁宁主编. -- 2 版. -- 长春 : 吉林出版集团股份有限公司, 2010.2(2024.8重印)
全民健身项目指导用书
ISBN 978-7-5463-2399-2

Ⅰ. ①健… Ⅱ. ①左… Ⅲ. ①健美操－基本知识 Ⅳ. ①G831.3

中国版本图书馆 CIP 数据核字(2010)第 028392 号

全民健身项目指导用书

健美操

JIANMEICAO

主　　编　左宁宁
责任编辑　关锡汉
封面设计　吕宜昌
开　　本　650mm × 960mm　1/16
印　　张　8
字　　数　60 千
版　　次　2010 年 2 月第 2 版
印　　次　2024 年 8 月第 4 次印刷

出版发行　吉林出版集团股份有限公司
地　　址　吉林省长春市福祉大路 5788 号
邮　　编　130000
电　　话　0431-81629968
电子邮箱　11915286@qq.com
印　　刷　三河市金兆印刷装订有限公司

书　　号　ISBN 978-7-5463-2399-2　　定　　价　39.80 元

序言

自1995年我国政府推出《全民健身计划纲要》以来，我国群众性体育活动蓬勃发展，取得了显著的成绩。2008年，举世瞩目的北京奥运会的成功举办，极大地激发了亿万人民群众的体育热情，增强了全社会的体育意识，营造了浓厚的全民健身氛围。面对这样的可喜局面，群众体育科研、教学工作者应义不容辞地为社会实践服务，从不同角度思考，如何使普通百姓通过简而易行的身体锻炼方式、方法和手段达到良好的健身效果，达到拥有健康的目标，从而享受生活、享受快乐人生。该书系就是在这样的思想指导下诞生的。

本书系能够顺应国家体育的大政方针，掌握时代脉搏，对指导大众健身，使大众掌握健身方法和手段有很好的促进作用。

本书系图文并茂，实用性强，分为球类运动、体操健身运动、传统武术、冰雪运动、水上运动、体育舞蹈、休闲运动、格斗运动、民间体育活动和极限运动等十大类项目，计100分册，按照统一的体例，力争有所创新。每册的具体内容为该项目的起源与发展、运动保健、基本技术、运动技巧、比赛规则等，使读者在学习过程中，不仅能够学会运动健身的方法，同时还能够学到保健方面的基本知识。

经国务院批准，自2009年起，将每年的8月8日定为“全民健身日”。《全民健身项目指导用书》的出版，必将为开展全民健身活动起到积极的推动和指导作用。

目录 CONTENTS

目录 CONTENTS

第三章 基本技术

第四章 健美操成套动作

第一章 概述

健美操是一项深受大众喜爱的、普及性较强的，集体操、舞蹈、音乐、健身、娱乐于一体的体育项目。它把基本体操、现代舞蹈和节奏音乐巧妙地融为一体，具有鲜明的特色和强烈的时代感。

第一节

起源与发展

健美操是集音乐、舞蹈、体操、美学于一体的新型体育运动项目。它以其自身固有的价值和魅力风靡世界，深受大众的喜爱。

起源

健美操的起源可追溯到两千多年前。古希腊人对人体美的崇尚举世闻名，他们喜欢采用跑跳、投掷、柔软体操和健美舞蹈等各种体育项目进行人体美的锻炼。古代人对健身、健美的追求是现代健美操形成与发展的基础。

现代健美操运动以 19 世纪欧洲各国体操运动的发展为基础，起源于 20 世纪 70 年代的美国。

健美操英文原名“Aerobics”，意为“有氧运动”或“健身健美操”，起源于美国太空总署医生肯尼思·库珀博士 1968 年专门为太空宇航员设计的有氧体能训练。

1969 年，杰姬·索伦森在有氧运动的基础上，综合体操和现代舞创编了健身舞，这种舞具有很强的娱乐性，简单易学，因此深受人们的欢迎。20 世纪 70 年代，健身舞在美国迅速兴起，掀起了热潮。

发展

随着全球健身热和娱乐体育的发展，健美操以其强大的生命力风靡世界，并成为全民健身运动的有机组成部分。

传播

19 世纪末 20 世纪初，欧洲出现了许多体操流派，他们在理论和实践上的创新对健美操的发展起到了推波助澜的作用。

20 世纪 80 年代初，美国影视明星简·方达根据自己的健身体会和经验，撰写了《简·方达健美术》一书。该书自 1981 年出版后，轰动世界，促进了健美操在世界范围内的推广。世界各国的健美俱乐部、健美操中心便是在这种背景下应运而生的。

1980 年，世界健美操冠军联合会（ANAC）成立，总部设在美国，并于 1983 年在美国举办了首次健美操比赛，确定了竞赛项目和规则，使健美操发展成为竞技性运动项目。

1983 年，国际健美操联合会（IAF）在日本成立，于 1985 年举办了第 1 届国际健美操比赛，健美操运动在世界各地全面兴起。

1994 年，国际体操联合会接受健美操为其所属委员会，成立了竞技健美操分会（FIG），并于 1995 年举办了首届世界健美操锦标赛。

机构与赛事

机构

国际健美操联合会（IAF）于 1983 年成立，总部设在日本。

中国健美操协会于 1992 年 9 月成立。

赛事

（1）世界健美操锦标赛，每 2 年 1 届。

（2）健美操世界杯赛，每年 1 届。

（3）健美操世界冠军赛，每年 1 届。

发展趋势

国内趋势

健美操运动于 20 世纪 80 年代传入我国，当时北京、上海、广州等地相继举办了各种健美操培训班。很多新闻媒体都对健美操运动进行了广泛的介绍，健美操运动随之在全国各地迅速开展起来。

为更广泛地开展群众性体育活动，增强人民体质，推动我国社会主义现代化建设事业的发展，1995 年 6 月，国务院提出了《全民健身计划纲要》，号召全社会广泛开展全民健身运动。目前，全民健身运动在全国范围内蓬勃发展，具有中国特色的全民健身体系的框架已经初步形成。全民健身运动的开展，有利于提高人们的生活质量，丰富业余文化生活，促进社会进步，有利于加强社会主义精神文明和物质文明建设，提高我国的综合国力，振奋民族精神。

健美操运动不受时间、地点、场地、天气的影响，也不受性别、年龄、体质状况和健康水平的限制。其练习形式纷繁多样，运动量可大可小，动作有难有易，时间亦长亦短。不同的锻炼人群均可以找到适合自己的锻炼方式。目前，健美操运动已成为全民健身计划的重要组成部分。

国外趋势

目前，健美操不仅在美、英、法等国家迅速发展，而且在一些发展中国家和地区也得到了不同程度的开展。波兰、保加利亚等国早已把健美操列入大、中、小学校的体育教学大纲。在亚洲地区，日本、菲律宾、新加坡等国也建有许多健美操活动中心及健身俱乐部，人们都开始将健美操作为自己的主要健身方式，由此形成了世界范围内的“健美操热”。健美操运动的种类和练习形式也开始呈现出多样化的发展趋势。

第二节 场地和装备

健美操运动对场地和装备的要求并不高，但是高质量的场地是运动开展的前提，而良好的装备则是练习者较高技术水平发挥的必要保证。

场地

一般情况下，健美操可以在普通场地上进行，但是高水平的训练则应该在体操房的正规场地上进行，以保证运动的舒畅，避免运动损伤的发生。

规格

（1）正规比赛场地呈正方形，单人操、双人操、混合双人操场地边长 7 米。

（2）3 人操、6 人操场地边长 10 米。

（3）场地四周用宽 5 厘米的白色标志带圈定，带宽包括在场地面积之内。

设施

比赛场地可视情况采用地板或地毯。

要求

（1）比赛场馆高度至少 8 米，场地周围至少有 2 米宽的缓冲区。

（2）裁判员坐席靠近赛区一边，排成一排，裁判员之间距离 1 米宽。

（3）场地要有足够的灯光照明（至少 750 勒克斯）。

装备

练习健美操时最好穿专业的健美操服和健美操鞋，这样既有利于增强动作的表现力与美感，又可避免不必要的运动损伤。

服装

款式 见图 1-2-1

服装应随季节的变化而调整。夏天炎热，宜穿两节式健美服或体操服；冬天寒冷，要注意服装的保暖性，最好在练习的前半段穿较厚的运动外套，等身体发热后再换穿健美服或体操服。

要求

（1）由于健美操练习的运动量较大，练习者的体温升高较快，排汗量较多，因此应选择吸汗效果好的训练服。

（2）健美操的动作幅度较大，应选择弹性好的紧身运动衣裤。

（3）如参加正规比赛，服装应统一，自然大方。

（4）不允许使用悬垂饰物，如皮带、飘带和花边等。

（5）正规比赛中，头发必须固定在头上，如果是个人训练，发型可随意，但最好将头发盘起。

图 1-2-1

鞋

见图 1-2-2

最好选用标准的健美操鞋，如果没有，也可以用底部较软的运动鞋代替。禁止使用芭蕾舞鞋、摔跤鞋、爵士舞鞋及外表有饰物的鞋。

图 1-2-2

第二章 运动保健

体育运动对增强体质、预防疾病和促进健康具有良好的作用。但是，并非所有人从事相同的运动都会达到同样的效果。对于同一种运动负荷，不同人机体的反应差异是很大的，即使同一个体，在不同时期、不同机能状态下，对同一负荷的反应及效果也是不一样的。因此，对于不同个体，应制定适合其机能需要的运动强度、时间、频率和持续周期。从事体育锻炼一定要讲究科学性，使机体最大限度地获得运动价值，使某些疾病得到有效的防治。

第一节 自我身体评价

自我身体评价是指根据个体的不同情况以及简单的功能评定标准，对锻炼者进行身体评价，并以此为依据，确定具体的锻炼内容。

适宜人群

体适能是全身适应性的一部分，是人体精神和体力对现代生活的适应能力。为了促进健康，预防疾病，提高生活质量和工作学习效率，几乎所有人都可以追求健康体适能，而且经过简单的评价和测试，均可以成为目标人群，即适宜人群。

健康体适能评价标准

健康体适能是指身体有足够的活力和精力处理日常事务，而不会感到过度疲劳，并且还有足够的精力去享受休闲活动和应对突发事件。

健康体适能是确定锻炼者是否为运动适宜人群的主要依据。目前的评价标准主要包括国民体质测定标准、学生体质测定标准和普通人群体育锻炼标准等。

国民体质测定标准主要包括形态指标、机能指标和素质指标 3 个部分，各项指标的测定结果均为 1～5 分，共 5 个级别。凡各项指标达不到 4 分或 5 分者，均应被纳入健身人群。

学生体质测定标准分为优秀、良好、及格和不及格 4 个级别。优秀水平以下者，均应被纳入健身人群。

普通人群体育锻炼标准分为 5 个级别，凡达不到 4 分或 5 分者，均应被纳入健身人群。

简易运动功能评定

简易运动功能评定的目的在于确定锻炼者有无运动禁忌症或临时运动禁忌的情况，即是否适合参加体育锻炼，以达到防备万一、避免意外事故发生的目的。目前通行的方式为 3 分钟踏台阶测试。

目的

测试锻炼者运动后心率恢复的情况，以评估其心肺功能。

器材 见图 2-1-1

30 厘米高的长凳、节拍器、秒表和时钟。

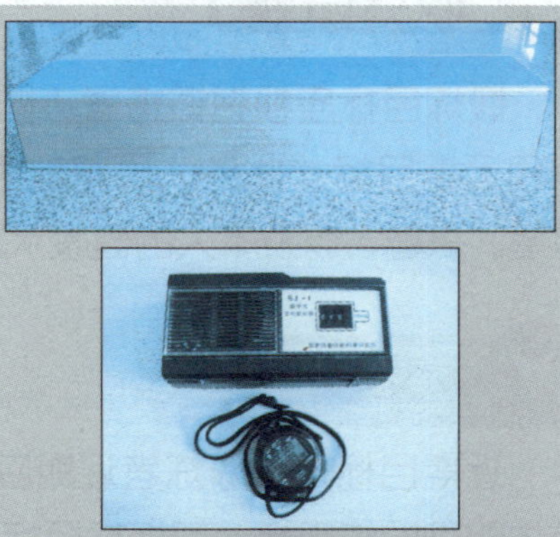

图 2-1-1

步骤 见表 2-1-1

（1）节拍器设定为每分钟 96 次，锻炼者依“上上下下”的节拍运动 3 分钟。

（2）锻炼者完成 3 分钟踏台阶后，5 秒钟内开始测量其脉搏，时间为 1 分钟，记录其心率，并依据下表评价其功能水平。

（3）运动后心率越低，证明其心肺功能越好。在运动强度允许的范围内，锻炼者可选择运动强度的较高值来进行运动。

表 2-1-1 3 分钟踏台阶测试评价表

	年龄(岁)	欠佳(次)	尚可(次)	一般(次)	良好(次)	优异(次)
男士	18~25	>115	105~114	98~104	89~97	<88
	26~35	>117	107~116	98~106	89~97	<88
	36~45	>119	112~118	103~111	95~102	<94
	46~55	>122	116~121	104~115	97~103	<96
	56~65	>119	112~118	102~111	98~101	<97
	65+	>120	114~119	103~113	96~102	<95
女士	18~25	>125	117~124	107~116	98~106	<97
	26~35	>128	119~127	111~118	98~110	<97
	36~45	>128	118~127	110~117	102~109	<101
	46~55	>127	121~126	114~120	103~113	<102
	56~65	>128	118~127	112~117	104~111	<103
	65+	>128	122~127	115~121	101~114	<100

注意事项

如锻炼者经过努力仍无法达标，或出现头晕、胸闷、出冷汗等症状，应立即终止测试。运动中应特别考虑运动强度，以防止出现意外。

锻炼目标

锻炼目标应根据锻炼者不同的身体状况来确定，可分为近期目标和远期目标。此外，确定锻炼目标还应结合锻炼者的运动意向、愿望、兴趣，以及本人的健康状况、疾病程度等因素来进行。

近期目标

近期目标是指锻炼者近期应达到的目标。在进行运动之前，应首先明确锻炼目标，即近期目标。选择一两个健康体适能构成要素，作为未来两个月内努力完成的目标，而且应从成功概率较高的构成要素开始，并将预期两个月后要达到的目标做上记号，如提高某个或某些关节的活动幅度，增强某个肌肉群的力量等。

远期目标

远期目标是指锻炼者最终要达到的目标。实践证明，经过科学合理的锻炼后，锻炼者是可以达到一般的远期目标的，如提高心肺功能，使其达到优秀的等级，或达到降血脂、防治高血压和冠心病的目的等。

运动负荷

运动负荷即运动量。怎样控制运动量，合适的运动时间是多少等，一直是人们争论不休的问题。但有一点是可以肯定的，那就是任何有关身体活动的意见和建议，都需要综合考虑锻炼者的身体状况和所要达到的目标，并以此为依据来制订科学的身体锻炼计划。

运动强度

在运动过程中，运动强度过小，则无法达到锻炼的效果；运动强度过大，不仅达不到最佳的锻炼效果，还可能产生一些副作用，甚至出现意外事故。确定运动强度有两种方法，即心率简易推测法和主观感觉疲劳分级表推测法。

心率简易推测法

（1）年龄在 20 岁左右的年轻人，身体健康，能坚持体育锻炼，欲进一步提高身体机能，可取最大心率值（最大心率值 =220 − 年龄）的 65%～85%。

（2）年龄在 45 岁以下，身体基本健康，有运动习惯者，开始进行健身锻炼，可取最大心率值的 65%～80%，没有运动习惯者，开始进行健身锻炼，可取最大心率值的 60%～75%。

（3）年龄在 45 岁以上，身体基本健康，有运动习惯者，开始进行健身锻炼，可取最大心率值的 60%～75%，没有运动习惯者，建议根据自身情况咨询专业人员来指导和确定运动强度。

主观感觉疲劳分级表推测法 见表 2-1-2

运动的疲劳程度大致分为 10 级，具体为：0～1 级，没感觉；2～3 级，尚轻松；4～5 级，稍累；6～7 级，累；8～9 级，很累；10 级，精疲力竭。因此，健身锻炼的运动强度应控制在主观感觉疲劳程度的 4～7 级。

表 2-1-2 主观感觉疲劳分级表

0 没感觉	·	2 尚轻松	·	4 稍累	·	6 累	·	8 很累	·	10 精疲力竭

运动频率

运动频率是指每日及每周锻炼的次数。一般每周锻炼 3～4 次，即隔日锻炼 1 次即可。有充足的休息时间，可使机体得到充分的休息，收到更好的锻炼效果。

运动持续时间

运动强度和运动持续时间，决定了一次锻炼的运动量和热量消耗。运动持续时间与运动强度成反比，运动强度大，运动持续时间可相应缩短，运动强度小，则运动持续时间应相应延长。

一般的健身锻炼，运动持续时间以每天 20～60 分钟为宜，其中包括准备活动时间、健身锻炼时间和整理活动时间。每次健身锻炼应在 20 分钟以上，锻炼可一次性完成，也可分段进行，但每段的活动时间应在 10 分钟以上。

第二节 运动价值

运动价值是人们一直在探讨的问题。一般认为，运动具有两方面的价值，即健身价值和心理价值。身体和精神的健康是相互依存的，伴随着身体功能的改善，精神状况也能同时得到改善。

健身价值

健身价值在于提高体适能。体适能包括心肺耐力素质、肌肉力量素质、柔韧性素质和身体成分等。体适能的发展是积极从事锻炼的结果，只有规律性的体育锻炼才能达到最佳的体适能。

提高心肺耐力素质

心肺耐力是指全身肌肉进行长时间运动的持久能力，是体内心肺系统对身体各细胞的供氧能力。人体的心脏、肺、血管、血液等组织的功能是心肺耐力的基础，它们与氧气和营养物质的输送以及代谢物的清除有关。健全的心肺功能是健康的基本保证。

系统的体育锻炼，可以使心肌增厚，收缩力加强，心室容积增大，从而使心脏的泵血功能增强，表现为心血输出量增加。

系统的体育锻炼，呼吸系统机能也将得到提高，表现为呼吸肌的力量增强，肺活量、肺通气量明显增加，保证对机体供氧的能力。

系统的体育锻炼，可以促进血管系统的形态、机能和调节能力产生良好的适应力，从而提高机体的工作能力。

系统的体育锻炼，可以使血液系统产生某些适应性变化，如血容量增加、血黏度下降、红细胞膜弹性增强和红细胞变形能力增强等。

提高肌肉力量素质

肌肉力量是指肌肉最大收缩产生的对抗阻力或负荷的能力。肌肉力量只有达到一定的程度，才能克服外界阻力，而克服外界阻力是维持日常生活自理、从事各种劳动和运动的必要前提。

系统的体育锻炼，可以提高肌肉的生理横断面积，可以改善神经系统对肌肉收缩的支配功能，还可以提高肌肉内代谢物质的储备量，使肌肉力量得到提高。

提高柔韧性素质

柔韧性是指人体各关节的活动幅度，即关节的肌肉、肌腱和韧带等软组织的伸展能力。柔韧性对于保证正常生活质量、维持正常体态、预防损伤发生和减轻损伤程度等方面均起到至关重要的作用。

系统的体育锻炼，还可以延缓因年龄因素而导致的柔韧性下降，预防因缺乏运动而导致的关节结构、周围软组织和膝关节肌肉退化，从而使锻炼者的日常生活、劳动和运动等更加充满活力。

改善身体成分

身体成分是指人体体重中的脂肪组织和去脂组织的重量百分比。身体成分中的脂肪成分增加，肌肉成分必然下降。身体中不具备收缩功能的脂肪组织增加，必然导致身体进行各种活动的能力下降，基础代谢水平降低，肥胖症、冠心病、高血压、糖尿病、高血脂等慢性疾病发病率的提高。因此，身体成分是保证人体健康的重要内容之一。

通过系统的体育锻炼，随着锻炼者体质的增强，热量消耗便随之增加，进而燃烧掉体内多余的脂肪，使身体成分得到改善。而身体成分的改善，又可以减少体重对关节可能带来的不利影响，还可以使肥胖者的心理状况得到改善，增强其自信心，使其逐步建立起健康的生活方式。

心理价值

研究证明，有规律的体育锻炼不但可以使锻炼者增强体质、促进身体健康、预防一些慢性疾病，还可以提高锻炼者的生活满意度和生活质量，对其心理健康产生积极影响。

体育锻炼的心理健康效应主要表现在六个方面：

改善情绪状态

短期效应

研究发现，体育锻炼对人的情绪状态具有显著的短期效应。运动后人们的焦虑、抑郁、紧张和心理紊乱等症状会明显减轻，而而精力和愉快程度则明显增强。而且这种情绪的迅速变化，与锻炼者个体的健康状况、活动形式和活动强度等有着直接的联系。

长期效应

体育锻炼对人情绪的长期效应有着直接的影响，与不锻炼者相比，有规律的锻炼者在较长时期内很少会产生焦虑、抑郁、紧张和心理紊乱等情绪。

完善个性行为特征

见表 2-2-1

人们的行为特征一般可以分为两种类型，用 A 型行为特征和 B 型行为特征来表示。A 型行为特征主要表现为性情急躁、争强好胜、容易激动、整天忙碌和做事效率高等。B 型行为特征主要表现为不好竞争、不易紧张、不赶时间、对人随和、喜欢自由自在等。具有 A 型行为特征的人由于过度紧张的情绪反应，会引起内分泌失调，增加心脏病发病的概率。目前的一些研究主要集中在体育锻炼对改变 A 型行为特征的作用方面。研究结果表明，有规律的体育锻炼能明显改变 A 型行为特征。

表 2-2-1 A、B 型个性行为特征常见表现

A 型行为特征者常见表现	B 型行为特征者常见表现
约会从来不迟到	对约会很随便
竞争意识很强	竞争意识不强
别人要讲话时总爱抢先或插话	是别人讲话时很好的听众
总是匆匆忙忙	即使有压力也从不匆忙
等待时缺乏耐心	能够耐心等待
干事时全力以赴	处事漫不经心
同时想干很多事	在一段时间里只干一件事情
讲话喜欢用加强语气，甚至敲桌子	讲话语速缓慢、不慌不忙
做了好事希望能得到别人的认可	只要自己满意即可，不管别人怎样想
吃饭、走路都很快	做事情很慢
不善与人相处	为人随和
容易暴露自己的感情	能控制自己的感情
具有广泛的兴趣	没什么业余爱好
雄心壮志	满足于目前的工作和学习状况

确立良好自我概念

自我概念是指个体对自己身体、思想和情感的主观整体评价，它由许多自我认识组成，包括我是什么人、我主张什么和我喜欢什么等。

坚持体育锻炼，可以使锻炼者体格强健、精力充沛、提高驾驭身体的能力，从而改善对自身的满意程度，确立良好的自我概念。

改变睡眠模式

根据脑电图的显示，人的睡眠可以分为两种状态，即慢波睡眠状态和快波睡眠状态。前者为浅度睡眠状态，后者为深度睡眠状态。一夜之间两种睡眠状态会交替发生 4～5 次。

有规律的体育锻炼不仅对慢波睡眠有促进作用，而且能缩短入眠的潜伏期，并延长睡眠的时间。

改善认知能力

体育锻炼还能改善人的认知过程，避免反应时间过长、注意力不集中和思维混乱等症状的发生，尤其对老年人的认知能力改善效果更为明显。

增加心理治疗效应

体育锻炼被公认为是一种心理治疗的好方法。目前人群中常见的心理疾患是抑郁症和焦虑症。研究发现，体育锻炼是治疗抑郁症的有效手段之一，抑郁症患者经过有规律的体育锻炼，抑郁症状能明显减轻。

体育锻炼还具有治疗焦虑症的作用，通过有规律的体育锻炼，可以使锻炼者的焦虑症状明显改善。

第三节
运动保护

在运动过程中，人体机能会随时发生变化。因此，应针对这种机能变化的特点来进行体育锻炼，也就是我们所说的运动保护。运动保护一般包括运动前准备、运动后放松和自我养护三个方面。

运动前准备

准备活动是指在正式运动之前进行的有目的的身体练习。做好充分的准备活动，可以缩短机体进入最佳状态的时间，同时还可以预防运动损伤的发生，为机体发挥最大的工作效率做好功能上的准备。

准备活动的作用

提高中枢神经系统兴奋状态

(1)使大脑反应速度加快，参加活动的运动中枢神经相互协调。

(2)为正式运动时生理机能达到适宜程度提前做好准备。

提高机体代谢水平

(1)准备活动可以使锻炼者体温升高，降低肌肉黏滞性，使肌肉的伸展性、柔韧性和弹性增强，从而有效预防运动损伤的发生。

(2)准备活动可以增强体内代谢酶的活性，使物质代谢水平提高，以保证运动时有较充分的能量供应。

克服内脏器官生理惰性

(1)准备活动可以提高心血管系统和呼吸系统的机能水平，使肺通气量及心血输出量增加。

(2)可以使心肌和骨骼肌的毛细血管扩张，使其工作肌获得更多的氧，从而克服内脏器官的生理惰性，使之尽快达到最佳状态。

增加皮肤毛细血管血流量

准备活动可以使皮肤毛细血管的血流量增加，运动后毛细血管扩张，有利于散热，降低体温，有效防止开始正式活动时由于体温过高而影响运动能力。

准备活动要求

准备活动时间

(1)准备活动的时间可以根据运动项目的具体情况确定，一般以10～30 分钟为宜。

(2)准备活动与正式运动的间隔时间，一般以不超过 15 分钟为宜，可以在做完准备活动后立刻进行正式运动。

准备活动强度

(1)准备活动的强度和量应较正式运动小，以免引起不必要的疲劳。

(2)准备活动的量可以由心率来决定，心率以 100～120 次 / 分为宜。

准备活动内容

一般性准备活动

一般性准备活动的内容多以伸展运动开始，然后进行一般性的跑步、徒手体操等活动。

下面介绍一套常用的一般性准备活动操，供锻炼者运动前使用。这套活动操主要包括头部运动、肩部运动、扩胸运动、体侧运动、体转运动、髋部运动和踢腿运动等。

图 2–3–1

头部运动

头部运动的动作方法(见图 2-3-1):两手叉腰,两脚左右开立,做头部向前、向后、向左、向右,以及绕环运动。

肩部运动

肩部运动的动作方法(见图 2-3-2):手扶肩部,屈臂向前、向后绕环,以及直臂绕环。

图 2-3-2

扩胸运动

扩胸运动的动作方法(见图 2-3-3):屈臂向后振动及直臂向后振动。

图 2-3-3

体侧运动

体侧运动的动作方法(见图 2-3-4):两脚左右开立,一手叉腰,另一臂上举,并随上体向对侧振动。

体转运动

体转运动的动作方法(见图 2-3-5):两脚左右开立,两臂体前屈,身体向左、向右有节奏地扭转。

髋部运动

髋部运动的动作方法(见图 2-3-6):两脚左右开立,两手叉腰,髋关节放松,向左、向右 360 度旋转。

踢腿运动

踢腿运动的动作方法(见图 2-3-7)：两臂上举后振，同时一腿向后半步，重心置于前腿，两臂下摆后振，同时向前上方踢腿。

图 2-3-4

图 2-3-5

图 2-3-6

图 2-3-7

专门性准备活动

专门性准备活动的动作方法、节奏和强度等与正式锻炼相似，目的是使人体主要肌群在运动前得到动员，为正式锻炼做好准备。

运动后放松

运动后放松是指运动之后所进行的一些能够加速机体功能恢复的、较轻松的身体活动。与运动前准备活动相反，其目的是使锻炼者的生理机能水平逐步得到恢复。

放松方法

运动性手段

(1)运动结束后，锻炼者可采用变换运动部位的方法来消除疲劳，如上肢出现疲劳时可做一些慢跑运动，下肢出现疲劳时可做一些上肢运动。

(2)转换运动类型也是一种不错的放松方法，如打羽毛球出现疲劳时，可从事瑜伽运动来达到放松的目的。

(3)还可以用调整运动强度的方法来缓解疲劳，如可以在放松过程中，采用小强度的轻微运动方法等。

整理活动

见图 2–3–8

(1)整理活动是指运动后所做的一些能够加速机体功能恢复的身体活动，如剧烈运动后进行 3～5 分钟慢跑或其他整理活动，使身体机能得以恢复。

(2)剧烈运动后如不做整理活动而骤然停止动作，会影响氧气的补充和静脉血的回流，使机体血压降低，引起不良反应。

图 2–3–8

注意事项

(1)在进行整理活动时动作应缓慢、放松，运动量不要过大，否则会引起新的疲劳。

(2)在进行整理活动时，应当保持心情舒畅、精神愉快。

自我养护

锻炼后，锻炼者感觉身体疲劳是一种正常的生理现象，是体育锻炼过程中的正常反应，随着体育锻炼时间的延长，疲劳症状会自然消失。运动性疲劳出现后，锻炼者如果采用一些自我养护措施，可以加速身体机能的恢复，尽快消除疲劳，提高锻炼效果。常见的自我养护方法主要包括运动后休息、合理营养和物理手段等三种。

运动后休息

静止性休息

见图 2–3–9

(1)静止性休息是指锻炼者运动后保持机体相对的静止状态，以促进身体机能的恢复，尽快消除疲劳。

(2)静止性休息的最佳方式之一是睡眠，特别是刚开始从事锻炼者，身体不适应或疲劳症状明显时，更应该保证足够的睡眠，否则，锻炼者虽然积极参加了体育锻炼，但收效甚微，甚至会导致过度疲劳症状的发生。

（3）静止性休息更适合于消除全身运动导致的整体疲劳症状。

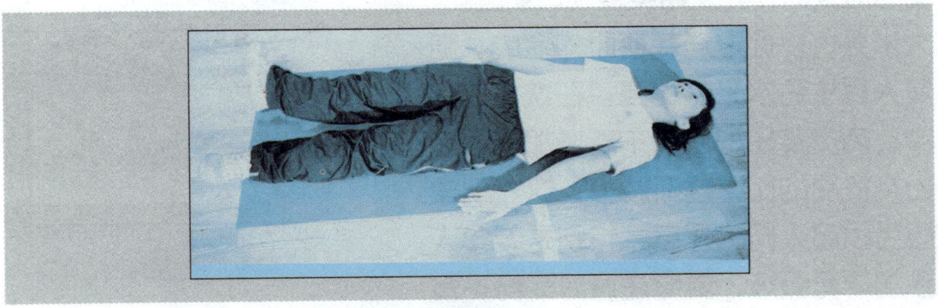

图 2–3–9

积极性休息

见图 2–3–10

（1）积极性休息更适合由于少量肌肉群参与工作而导致的局部疲劳，或运动强度较大而导致的快速疲劳。

（2）积极性休息可以加速血液循环，有利于代谢物排出体外，对促进身体机能的恢复具有明显的效果。

图 2–3–10

合理营养

见图 2-3-11

小强度、长时间的运动形式，主要是靠糖原的有氧代谢提供能量。运动后应及时补充淀粉类食物，如面粉、大米等，以促进消耗糖原的合成。随着人民生活水平的提高，在饮食结构中，肉类食品的比重不断增加，而淀粉类食品的比重逐渐减少，这一现象应当引起人们的注意，特别是老年人参加体育锻炼，更应注意对淀粉类食物的补充。

图 2-3-11

强度较大、时间又相对较长的运动形式，主要是靠糖原的无氧代谢提供能量。这样，糖原无氧代谢产物——乳酸便会在体内大量堆积。因此，运动后应多补充蔬菜、水果等碱性食品，以加速乳酸的清除，达到尽快消除疲劳的目的。

物理手段

按摩及牵拉

见图 2-3-12

(1)通过刺激神经末梢、皮肤结缔组织和毛细血管的按摩方法，可以使紧张的肌肉得以放松，从而改善局部组织和全身的血液循环，达到促进身体机能恢复的目的，这种方法可以在锻炼后马上进行。

(2)此外，还可以采取缓慢牵拉肌肉的方法，使收缩的肌肉得到充分的伸展放松。

水疗及电疗

(1)水疗包括芬兰式蒸汽浴、热水浴和桑拿浴等多种形式，主要作用是通过提高体温，促进血液循环，清除代谢物，以达到尽快消除疲劳、恢复体力的目的。

(2)水疗的时间一般以不超过 30 分钟为宜，如果时间过长，会进一步消耗体力，严重时甚至会出现暂时性脑缺血现象。

(3)如果条件允许，还可对疲劳的肌肉进行低频治疗。低频治疗仪的原理是模拟针灸疗法，使用时将电极用不干胶对称地粘贴在运动部位表皮上。这种疗法可以促进局部血液循环，改善组织代谢，缓解肌肉酸痛，消除疲劳。

图 2-3-12

第三章 基本技术

健美操的基本技术是指练习者运用身体合理部位完成规定动作的各种方法的总称。练好基本技术是完成好成套动作的基础，基本技术包括基本术语和基本动作等。

第一节 基本术语

健美操术语是描述健美操动作的专门用语，它是用来表达健美操动作名称以及描述动作、技术过程的专门用语和专有词汇，在健美操运动中具有重要作用。健美操的基本术语包括基本方位、运动轴与面的关系术语和健美操概念术语等。

基本方位

为了表明人的身体面在场地上所处的方位，我们一般借鉴舞蹈以及体操中基本方位的术语，把开始确定的某一面（主席台、裁判席）定位基本方位的某一点，按顺时针方向，每 45 度为一个基本方位，将场地划分为 8 个基本方位，即 1、2、3、4、5、6、7、8 点（见图 3–1–1）。

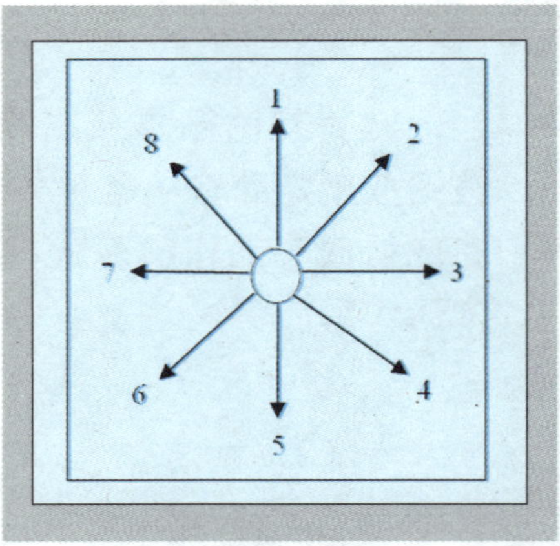

图 3–1–1

运动轴与面的关系术语

运动轴与面的关系术语包括矢状轴、额状轴、垂直轴、矢状面、额状面和水平面等。

矢状轴

矢状轴，俗称前后轴，是前后平伸与水平面平行，与额状面垂直的轴。

额状轴

额状轴，俗称横轴，是平伸与水平面平行，与矢状面垂直的轴。

垂直轴

垂直轴俗称纵轴，是人体与水平面垂直的轴。

矢状面

矢状面为前后方向的水平轴，与垂直轴相垂直。将人体纵切为左右完全等分的两半，则称为正中矢状切面。

额状面

额状面是沿左右方向将人体分为前、后两部分的纵切面，它与水平面和矢状面互相垂直。

水平面

水平面横切直立人体，与地面平行的切面。

健美操概念术语

概念术语是描述健美操概念的专有名词。

有氧练习

有氧练习是以人体有氧系统供能的，运用大肌肉群持续地和有节奏地练习。

冲击力

人体运动时，对地面产生一定作用力的同时，地面也给予人体相应的反作用力，即冲击力。

无冲击动作

无冲击动作是指两只脚有接触地面的动作或不支撑体重的动作。

低冲击动作

低冲击动作是指总有一只脚接触地面的动作。

高冲击动作

高冲击动作是指两只脚都离开地面，即有腾空姿势的动作。

核心部位

核心部位是指腰腹部位，保持人体稳定的主要肌群。

第二节 基本动作

基本动作是健美操运动的基础，千姿百态的健美操组合动作都是在基本动作的基础上变化和发展而来的。健美操的基本动作并不复杂，只要我们掌握了元素动作及其变化规律，健美操的学习过程就简单多了。基本动作包括头颈动作、胸部动作、上肢动作、腰部动作、髋部动作、躯干动作和下肢动作等。

头颈动作

头颈动作是健美操基本动作之一，是以头部及颈部为主要活动部位的运动，包括屈、转、绕和绕环等。

屈

动作方法 见图 3–2–1

头颈关节角度的弯曲，可以做前屈、后屈、左屈、右屈。

技术要点

(1)头向前屈时，要注意收紧下颌，目视脚尖方向。

(2)头向后屈时，下巴要上扬，头的方向要摆正，目视头顶方向。

(3)头部向左、右屈时，耳朵要贴近肩部。

错误纠正

练习时易出现动作不到位等现象。因此，应反复练习，体会动作要领。

图 3-2-1

转

动作方法 见图 3-2-2

头颈部绕身体的垂直轴转动，可以进行左转和右转。做头部转动时，可加入肩部上提。

技术要点

（1）注意颈部的放松，头部转动时，要水平。

（2）保持收紧下颌。

错误纠正

练习时易出现颈部僵直等问题。因此，应保持水平的转动。

绕

动作方法

见图 3-2-3

头部以颈为轴心的弧形运动，可以做向左绕和向右绕。

技术要点

贴近锁骨做弧形运动，绕至肩膀时，耳朵要贴近肩部。

错误纠正

练习时易出现运动幅度过大等问题。因此，应保持绕头的弧度，做弧形运动，收紧下颌。

图 3-2-2

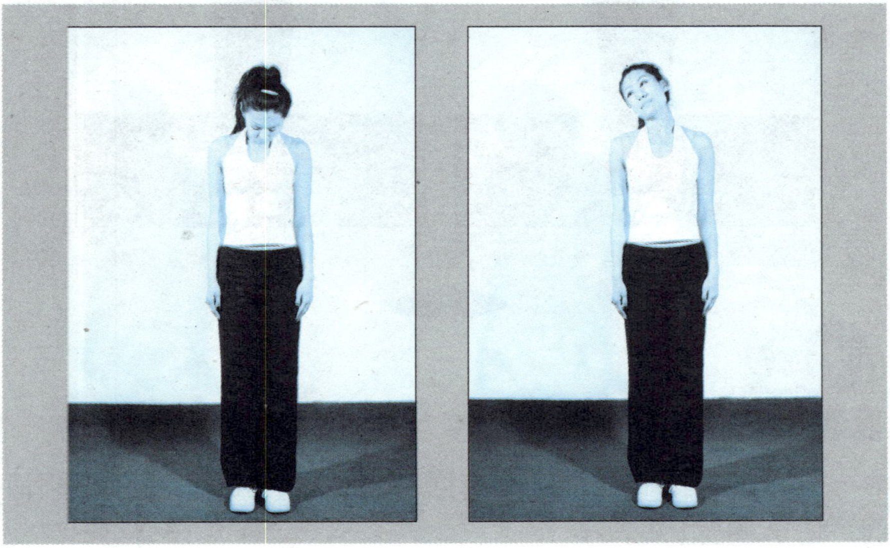

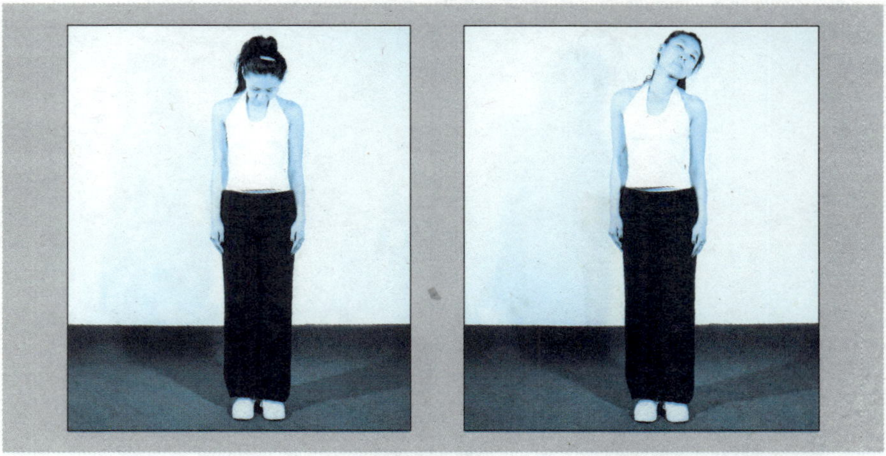

图 3-2-3

绕环

动作方法

见图 3-2-4

头以颈为轴心的圆形运动，可以做左绕环和右绕环。

技术要点

将屈、转、绕的动作连接起来，注意颈部的放松，收紧下颌。

错误纠正

练习时易出现运动幅度过大等问题。因此，应保持头部的水平圆形运动。

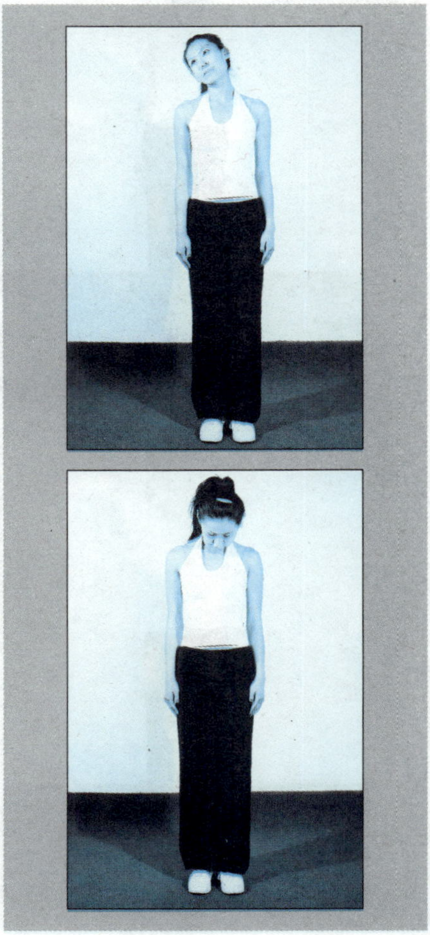

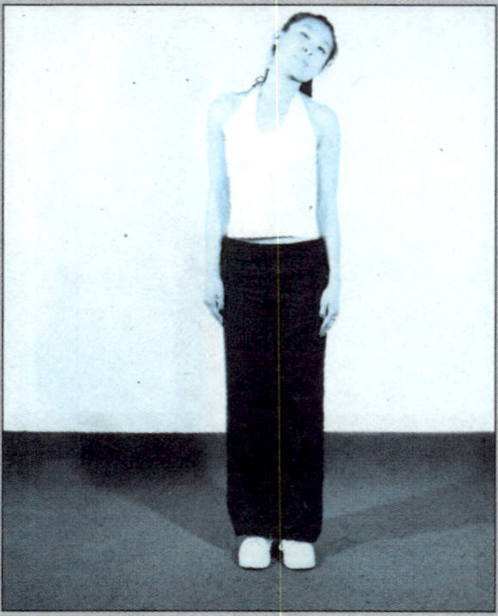

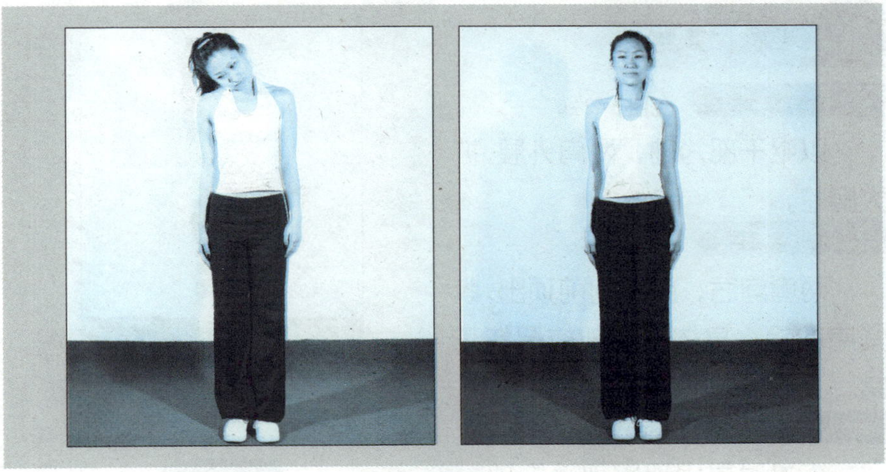

图 3-2-4

胸部动作

胸部动作是健美操基本动作之一，是以胸部为主要活动部位的运动，包括含胸、挺胸(顶胸)、移胸、上提胸和扩胸等。

含胸

动作方法 见图 3-2-5

以躯干部为轴，胸部发力两肩内合，缩小胸腔。

技术要点

两肩向前，将肩胛骨充分展开，身体其他部位保持正常。

错误纠正

练习时易出现放腹等问题。因此，应尽量收腹。

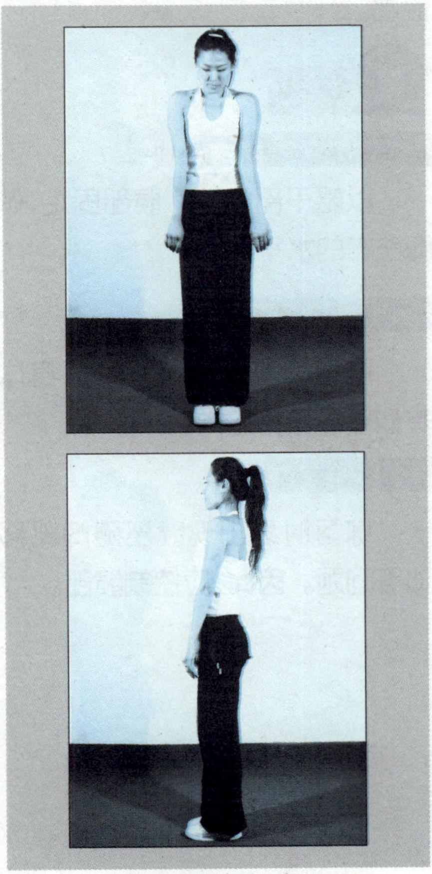

图 3-2-5

挺胸(顶胸)

动作方法 见图 3-2-6

以躯干部为轴，两肩外展，扩大胸腔。

技术要点

两肩向后，胸部向前顶出，收紧肩胛骨，身体其他部位保持正常。

错误纠正

练习时易出现髋部随胸部一起移动等问题。因此，应尽量控制髋部。

图 3-2-6

移胸

动作方法 见图 3-2-7

以躯干部为轴，髋部固定，做胸左右的水平移动。

技术要点

胸部向左、右水平顶出，身体其他部位保持正常。

错误纠正

练习时易出现髋部随胸部移动等问题。因此，应控制髋部。

图 3-2-7

上提胸

动作方法 见图 3-2-8

以躯干部为轴，身体不动，胸部向上提。

技术要点

胸部向斜上方顶出，保持身体的正直，身体其他部位保持正常。

错误纠正

练习时易出现胸部向前顶出等问题。因此，应使胸部向上提，注意胸部顶出的方向，可在身体斜上方放置标志物。

图 3-2-8

扩胸

动作方法 见图 3-2-9

由两肩带动，胸部前后振动。

技术要点

胸部向前、向后做连续的振动。

错误纠正

练习时易出现腰部随胸部移动等问题。因此，应保持胸部、肩部放松，收紧腰部。

图 3-2-9

上肢动作

上肢动作是健美操基本动作之一，是以上肢为主要活动部位的运动，包括并掌、开掌、花掌、立掌、屈掌、拳、芭蕾舞手形、剑指、响指、双臂侧平举、双臂斜上举、双臂斜下举、双臂上举、双臂向下、双臂胸前平屈和双臂前平举等。

并掌

动作方法 见图 3-2-10

五指伸直并拢，大拇指略屈。

技术要点

五指并拢指尖向外延伸发力。

错误纠正

练习时易出现五指略张等问题。因此，五指指尖应向外发力。

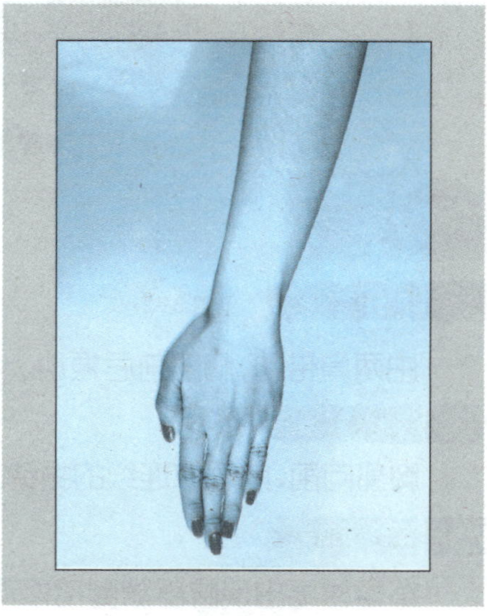

图 3-2-10

开掌

动作方法 见图 3–2–11

五指用力伸直张开。

技术要点

五指用力向外张开，指尖发力。

错误纠正

练习时易出现五指弯曲等问题。因此，指尖要向外发力。

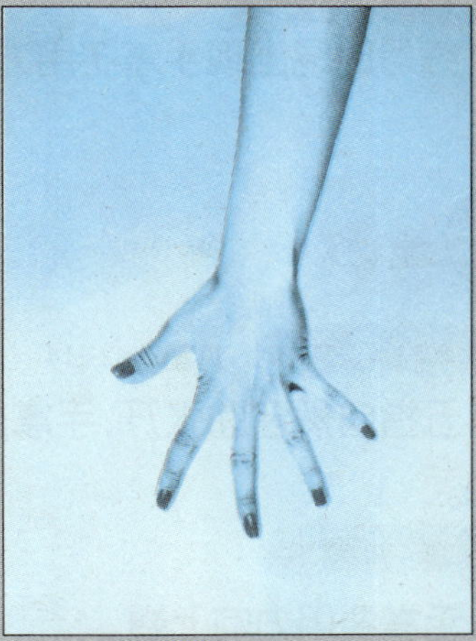
图 3–2–11

花掌

动作方法 见图 3–2–12

五指用力张开，小拇指、无名指、中指支撑指关节处依次屈，大拇指略内扣。

技术要点

五指向不同方向伸直。

错误纠正

练习时易出现五指弯曲等问题。因此，练习时五指要向各自运行方向发力。

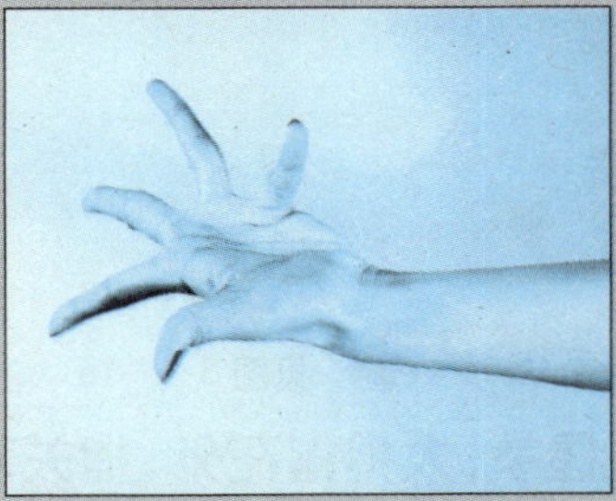
图 3–2–12

立掌

动作方法 见图 3–2–13

五指伸直并拢，手掌用力上翘。

技术要点

手掌要用力向上翘。

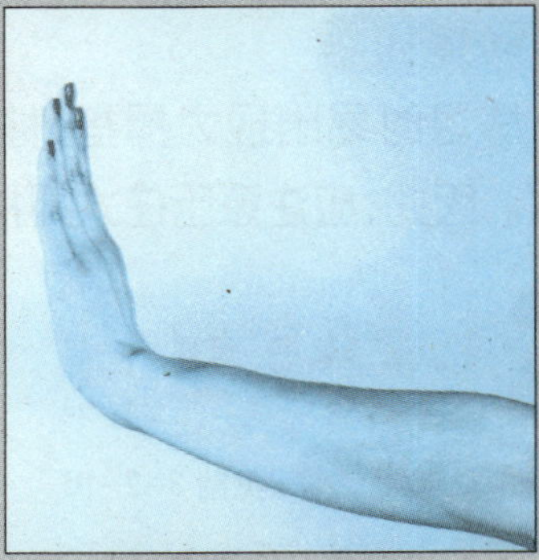
图 3–2–13

错误纠正

练习时易出现手掌不用力等问题。因此，练习时可将掌跟靠在墙上。

屈掌

动作方法
见图 3-2-14

五指自然弯曲张开，手掌用力上翘。

技术要点

手掌要用力向上翘。

错误纠正

练习时易出现手掌不用力等问题。因此，练习时可将掌跟靠在墙上。

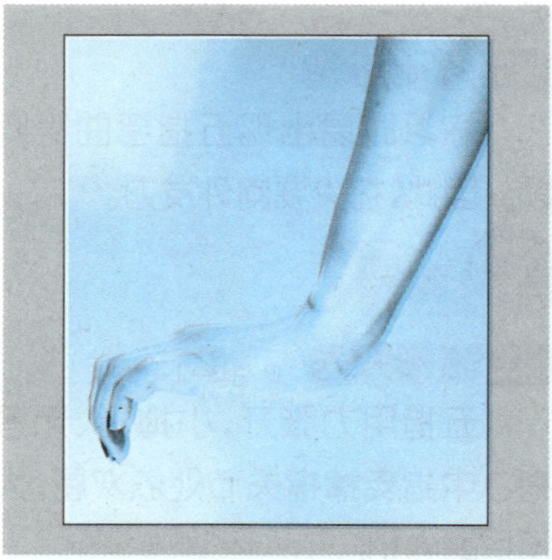

图 3-2-14

拳

动作方法
见图 3-2-15

握拳，大拇指在外，指关节弯曲，并紧贴食指和中指。

技术要点

四指并拢，大拇指在外。

错误纠正

练习时易出现大拇指外翘等问题。因此，应注意压住大拇指。

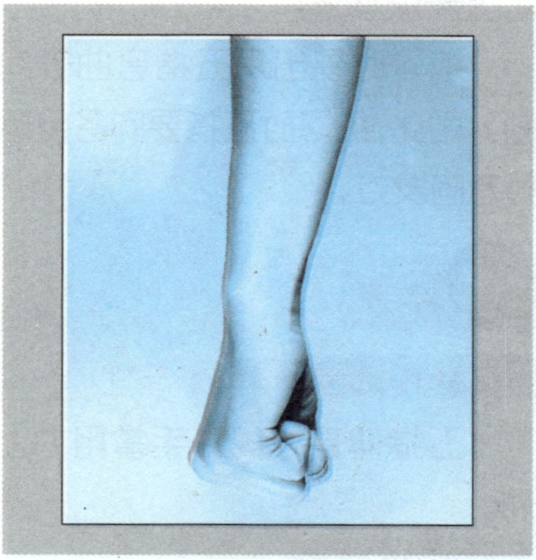

图 3-2-15

芭蕾舞手形

动作方法
见图 3-2-16

五指并拢，自然伸长，大拇指与中指略向里合。

技术要点

手指要向外发力，伸长。

错误纠正

练习时易出现五指弯曲等问题。因此，五指应向外发力。

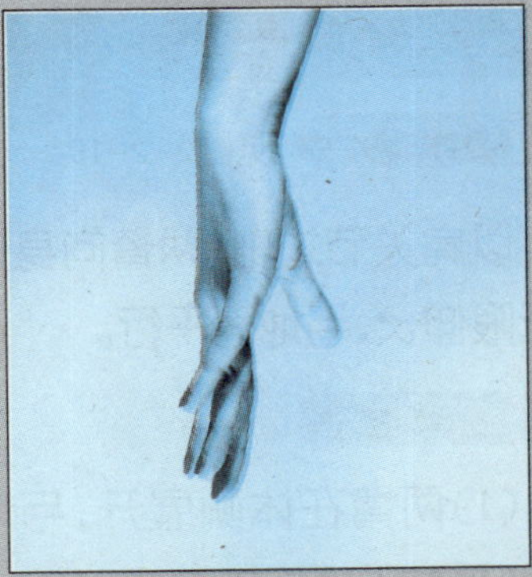

图 3–2–16

剑指

动作方法 见图 3–2–17

拇指与无名指、小拇指相叠，中指与食指并拢伸直。

技术要点

中指与食指向外发力。

错误纠正

练习时易出现中指与食指弯曲等问题。因此，应体会中指与食指向外发力的要领。

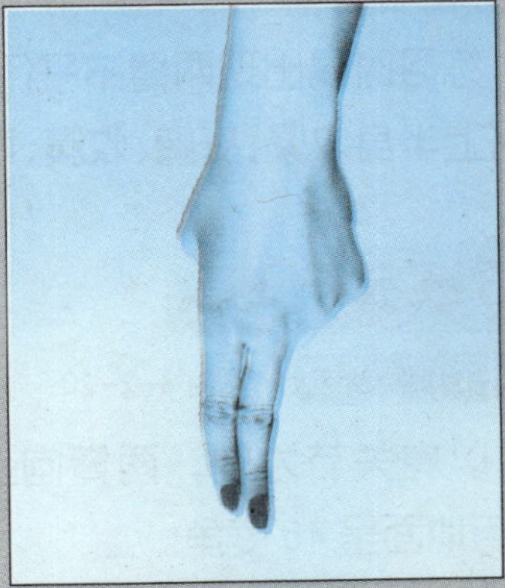

图 3–2–17

响指

动作方法 见图 3–2–18

拇指与中指、食指摩擦打响，无名指、小拇指屈指。

技术要点

手形要自然。

错误纠正

练习时易出现手形不自然等问题。因此，应在做动作时放松腕关节。

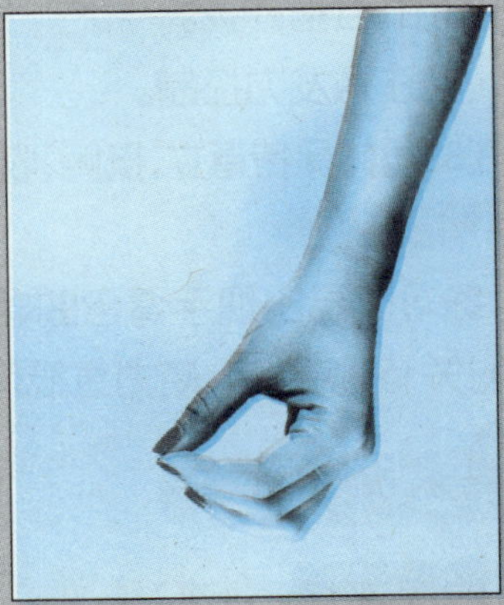

图 3–2–18

双臂侧平举

动作方法 见图 3–2–19

以肩关节为轴，两臂向身体两侧无限伸长，与地面平行。

技术要点

（1）两臂在体侧展开，与地面平行，垂直于身体中轴。

（2）身体保持直立，挺胸、收腹。

图 3–2–19

错误纠正

练习时易出现两臂不平行、手臂速度慢、控制力差等问题。因此，应将上半身收紧，挺胸、收腹，可靠墙做手臂控制练习。

双臂斜上举

动作方法 见图 3–2–20

以肩关节为轴，两臂向上抬起，与地面呈 45 度角。

技术要点

（1）上臂带动前臂，力由指尖向外发出，五指并拢。

（2）注意发力控制。

（3）身体保持直立，挺胸、收腹。

图 3–2–20

错误纠正

练习时易出现手臂弯曲、手指不发力等问题。因此，应锁住肩关节、肘关节、腕关节，使力直线传递。

双臂斜下举

动作方法 见图 3–2–21

以肩关节为轴，两臂由身体两侧抬起，与身体呈 45 度角。

技术要点

(1)上臂带动前臂，力由指尖向外发出，五指并拢。

(2)注意发力控制。

(3)身体保持直立，挺胸、收腹。

错误纠正

练习时易出现手臂弯曲、手指不发力等问题。因此，应锁住肩关节、肘关节、腕关节，使力直线传递。

图 3-2-21

双臂上举

动作方法 见图 3-2-22

以肩关节为轴，两臂伸直向上抬起，贴近耳朵后侧。

技术要点

(1)上臂带动前臂，力由指尖向外发出，五指并拢。

(2)两臂垂直于地面，贴近双耳。

(3)身体保持直立，挺胸、收腹。

错误纠正

练习时易出现手臂不与地面垂直等问题。因此，应尽量控制手臂。

图 3-2-22

双臂向下

动作方法 见图 3-2-23

以肩关节为轴，两臂伸直，收于身体两侧。

技术要点

（1）两臂自然向下，贴近身体，力经由上臂、前臂至手指尖向下。

（2）身体保持直立，挺胸、收腹。

错误纠正

练习时易出现手臂过于放松，没有贴近身体等问题。因此，应注意手臂当整体发力。

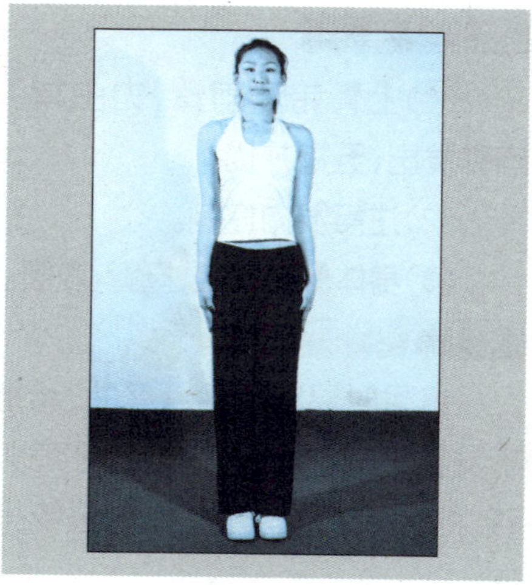

图 3-2-23

双臂胸前平屈

动作方法

见图 3-2-24

以肩关节为轴，两臂弯曲，上臂、前臂与地面平行置于胸前。

技术要点

（1）肩部带动手臂，置于胸前，前臂与胸部平行，五指并拢。

（2）身体保持直立，挺胸、收腹。

图 3-2-24

错误纠正

练习时易出现上臂与地面不平行，前臂与胸部不平行等问题。因此，应多对照镜子练习，以规范动作。

双臂前平举

动作方法

见图 3-2-25

以肩关节为轴，两臂伸直置于身体前侧，两臂平行，且与地面平行。

技术要点

（1）肩部带动整体手臂，置于胸前，与身体中轴垂直，且两臂距离与肩同宽，保持平行。

(2)身体保持直立，挺胸、收腹。

错误纠正

练习时易出现手臂与地面不平行、两臂距离宽或窄于肩宽等问题。因此，应多对照镜子练习，以规范动作。

图 3-2-25

双臂前平举

动作方法 见图 3-2-26

以肩关节为轴，两臂在体侧弯曲，上臂与地面平行，前臂向上弯曲，与地面垂直。

技术要点

(1)肘关节在体侧，肩胛骨内合。

(2)身体保持直立，挺胸、收腹。

错误纠正

练习时易出现两肘关节位置不在体侧中轴上等问题。因此，应多对照镜子练习，以规范动作。

图 3-2-26

腰部动作

腰部动作是健美操基本动作之一，以腰部为主要活动部位的运动，包括屈腰和转腰等。

屈腰

动作方法　见图 3—2—27

并脚直立或两脚分开站立，下肢保持不动，以身体为轴，腰部向前→后→左→右方向进行运动。

技术要点

（1）腰部向前运动时，控制好髋关节。

（2）根据练习者的身体情况决定腰部的动作幅度。

错误纠正

练习时易出现髋关节、下肢向后用力等问题。因此，应尽量控制髋部和下肢的动作幅度。

图 3—2—27

转腰

动作方法 见图 3-2-28

并脚直立或两脚分开站立，下肢保持不动，上体沿垂直轴向前→后→左→右扭转。

技术要点

(1) 在腰部做转动运动时，控制好髋关节。

(2)根据练习者的身体情况决定腰部的动作幅度。

错误纠正

练习时易出现髋关节、下肢或胸部随着腰部一起晃动等问题。因此，应尽量控制髋关节、下肢或胸部的动作幅度，加强动作知觉和动作感觉的练习。

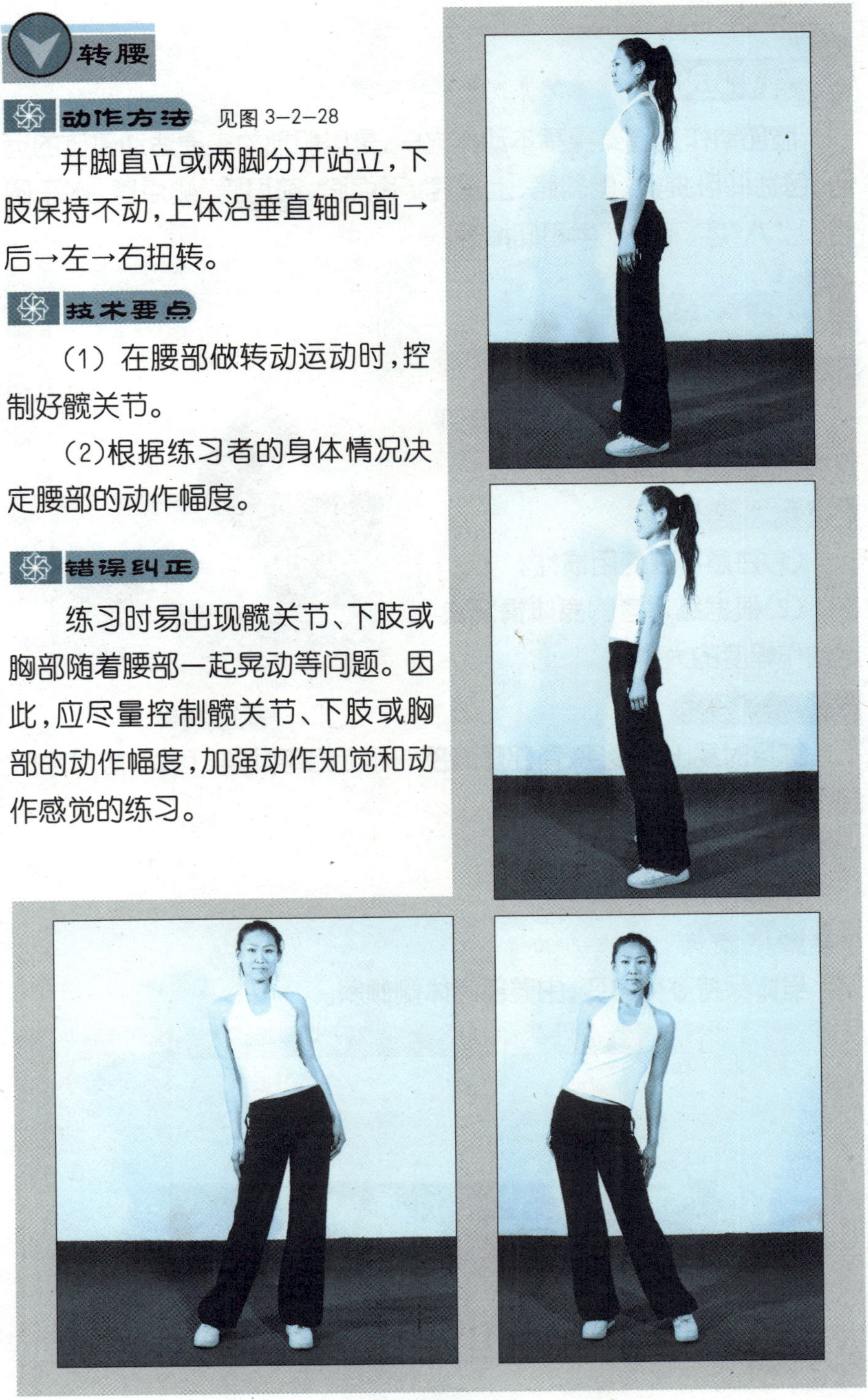

图 3-2-28

髋部动作

髋部动作是健美操基本动作之一，是以髋部为主要活动部位的运动，包括仰卧提髋、侧斜胯、上提胯、下点胯、前甩胯、侧点胯、水平圆胯、上“八”字、下“八”字和仰撑等。

仰卧提髋

动作方法 见图 3–2–29

仰卧，两腿略屈膝上举，腹肌收缩，使髋部向上抬起。

技术要点

(1)注意不要使用惯性。

(2)根据练习者的身体情况决定动作幅度的大小。

图 3–2–29

错误纠正

练习时易出现腰部、背部随髋部一起上抬等问题。因此，应尽量控制腰部与背部。

侧斜胯

动作方法 见图 3–2–30

身体保持姿势不变，由髋部向体侧倾斜。

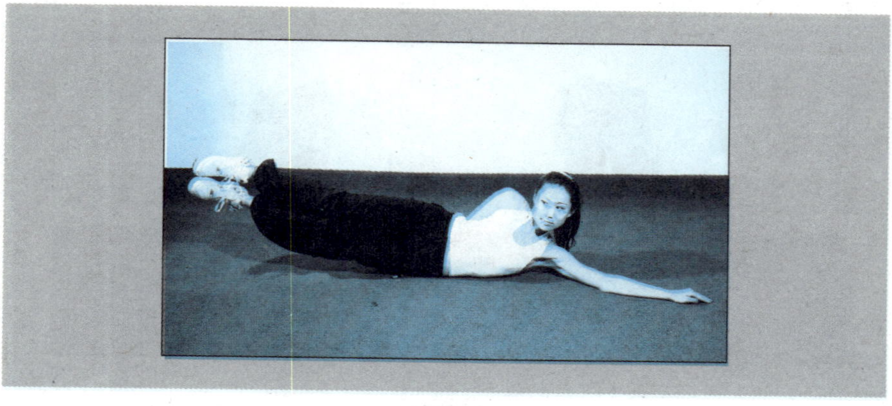

图 3–2–30

技术要点

（1）在髋部向左、右倾斜时，两腿原地不动。

（2）根据练习者的身体情况决定动作幅度的大小。

错误纠正

练习时易出现胸部随髋部一起晃动等问题。因此，应尽量控制胸部。

上提胯

动作方法 见图 3–2–31

两腿站立，腿略弯曲，一侧脚跟抬起，使髋部上提。

图 3–2–31

技术要点

（1）在髋部运动的同时，注意脚跟用力。

（2）根据练习者的身体情况决定动作幅度的大小。

错误纠正

练习时易出现腰部随髋部一起晃动等问题。因此，应尽量控制腰部。

下点胯

动作方法 见图 3–2–32

两腿站立，腿略弯曲，一侧脚跟抬起，使髋部下点。

图 3–2–32

技术要点

（1）在髋部运动的同时，注意脚尖用力。

（2）根据练习者的身体情况决定动作幅度的大小。

错误纠正

练习时易出现腰部随髋部一起晃动等问题。因此，应尽量控制腰部。

前甩胯

动作方法 见图 3–2–33

两腿站立开始，一腿向前迈一步，同时向前甩同一侧的胯。

图 3–2–33

技术要点

动作幅度要适中，跟随音乐的节奏。

错误纠正

练习时易出现上体随髋部一起晃动等问题。因此，应尽量控制整个上体。

侧点胯

动作方法 见图 3–2–34

两腿站立，腿略弯曲，一侧脚迈出，同时向同侧点胯。

技术要点

动作幅度要适中，跟随音乐的节奏，与脚步动作配合协调。

错误纠正

练习时易出现脚步与髋部动作脱节等问题。因此，应注意脚步与髋部的动作连接。

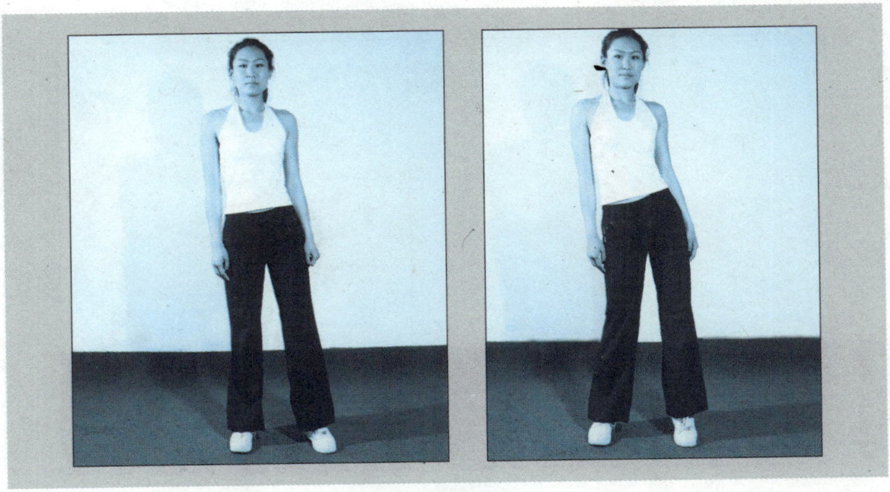

图 3-2-34

水平圆胯

动作方法 见图 3-2-35

两腿站立，腿略弯曲，髋部在水平面前、左、后、右转一圈。

技术要点

髋部水平转动，动作幅度要适中。

错误纠正

练习时易出现髋部转动脱节、身体晃动等问题。因此，应注意动作幅度和意识的感觉。

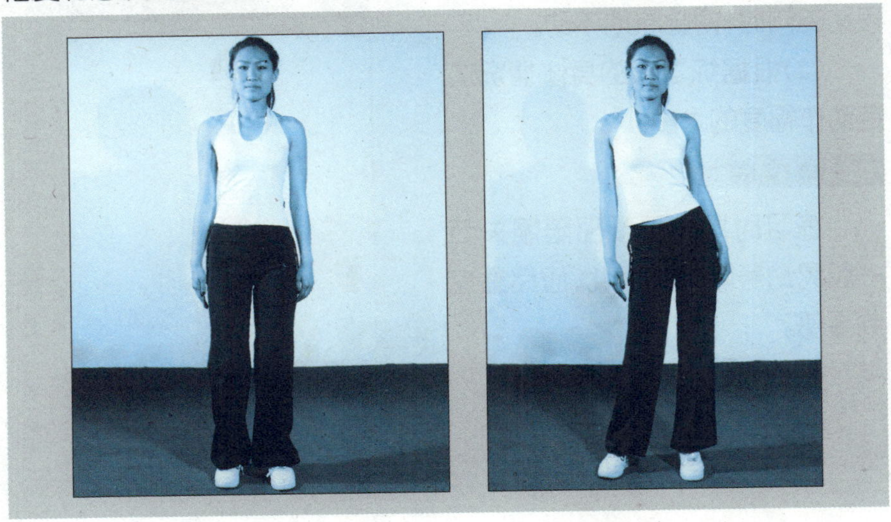

图 3–2–35

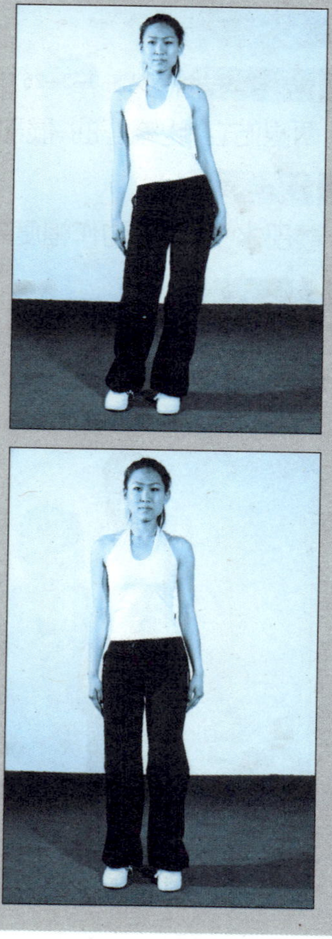

上“八”字

动作方法 见图 3–2–36

两腿站立，腿略弯曲，一侧胯向侧点出，再向上提后还原。

技术要点

（1）在髋部绕上“八”字路线做转动的同时，两腿原地不动。

（2）根据练习者的身体情况决定动作幅度的大小。

错误纠正

练习时易出现腰部随髋关节一起晃动等问题。因此，应尽量控制腰部。

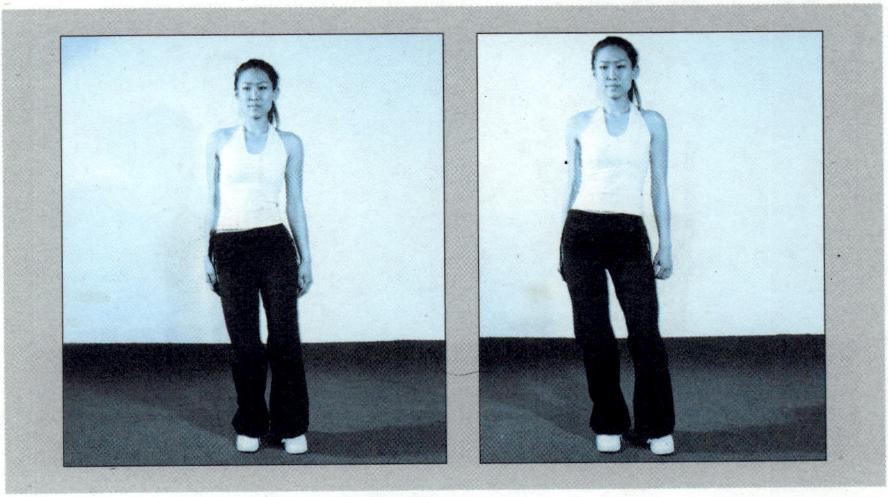

图 3–2–36

下"八"字

动作方法 见图 3–2–37

两腿站立，腿略弯曲，一侧胯向上提出，再向侧点后还原。

技术要点

（1）在髋部绕下"八"字路线做转动的同时，两腿原地不动。

（2）根据练习者的情况决定动作幅度的大小。

错误纠正

练习时易出现腰部随髋部一起晃动等问题。因此，应尽量控制腰部。

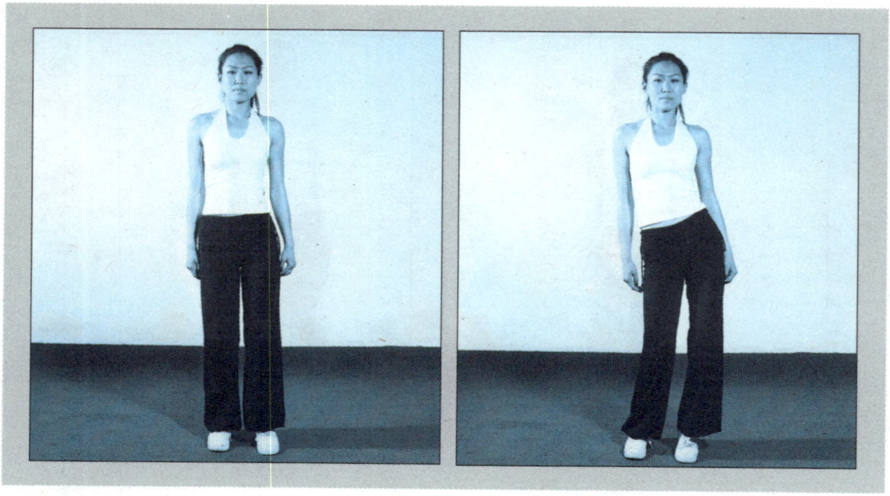

图 3-2-37

仰撑

动作方法 见图 3-2-38

身体仰卧，两手臂撑地，两脚跟着地，将身体撑起。

图 3-2-38

技术要点

身体撑起时，肩胛骨内合，挺胸，髋部保持平稳，腹部收紧，保持身体的平直，下颌略收。

错误纠正

练习时易出现身体松散、肩部不用力、头向后仰等问题。因此，应收紧核心部位，肩胛骨内合，注视正上方。

躯干动作

躯干动作是健美操基本动作之一，是以躯干部为主要活动部位的运动，包括俯卧撑、站立侧屈、站立体转、俯卧两头起、仰卧起坐和仰卧举腿等。

俯卧撑

动作方法

见图 3-2-39

（1）根据不同水平，练习者可采取跪撑，两脚分腿、俯卧、并腿俯撑，以及单脚俯撑姿势做臂的屈伸动作。

（2）屈臂时吸气，伸臂时呼气。

技术要点

身体平直，目视正下方，屈臂时，上臂和前臂保持 90 度，挺胸，腹部收紧。

错误纠正

练习时易出现臀部上抬、低头、手臂角度不到位等问题。因此，应注意选择适合自己的俯卧撑动作，收紧核心部位。

图 3-2-39

站立侧屈

动作方法

见图 3-2-40

分腿站立，略屈膝，上体侧屈，还原。

技术要点

做左、右侧屈动作时，略屈膝，其他部位保持不动。

错误纠正

练习时易出现身体其他部位发生扭动等问题。因此，应多对照镜子练习，以规范动作。

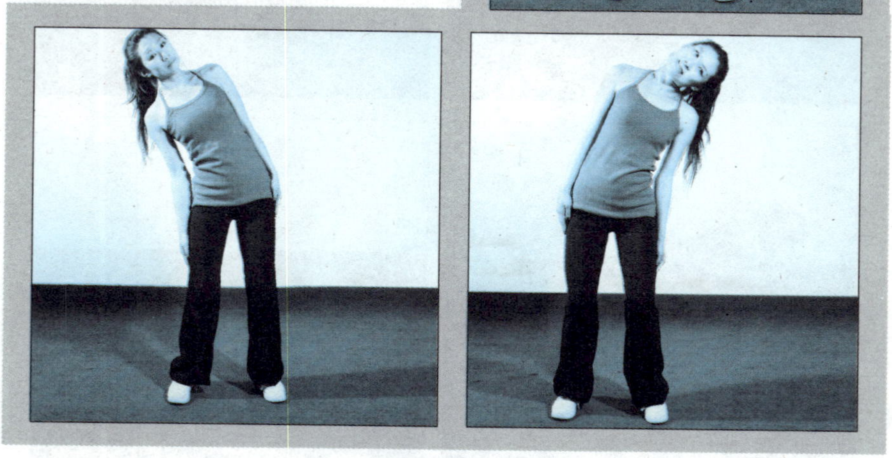

图 3-2-40

站立体转

动作方法 见图 3-2-41

分腿站立，略屈膝，上体向侧，水平扭转。

技术要点

保持身体直立，以身体为轴，做水平扭转。

错误纠正

练习时易出现身体其他部位弯曲等问题。因此，应控制身体，注意动作幅度不要过大。

图 3-2-41

俯卧两头起

动作方法 见图 3-2-42

俯卧，异侧手臂和腿同时抬起，还原。

技术要点

一侧大腿和另一侧手臂抬离地面，并且保持肩背部抬离地面，腹部收紧。

错误纠正

练习时易出现头肩抬起而背部未抬起等问题。因此，应将腹部收紧。

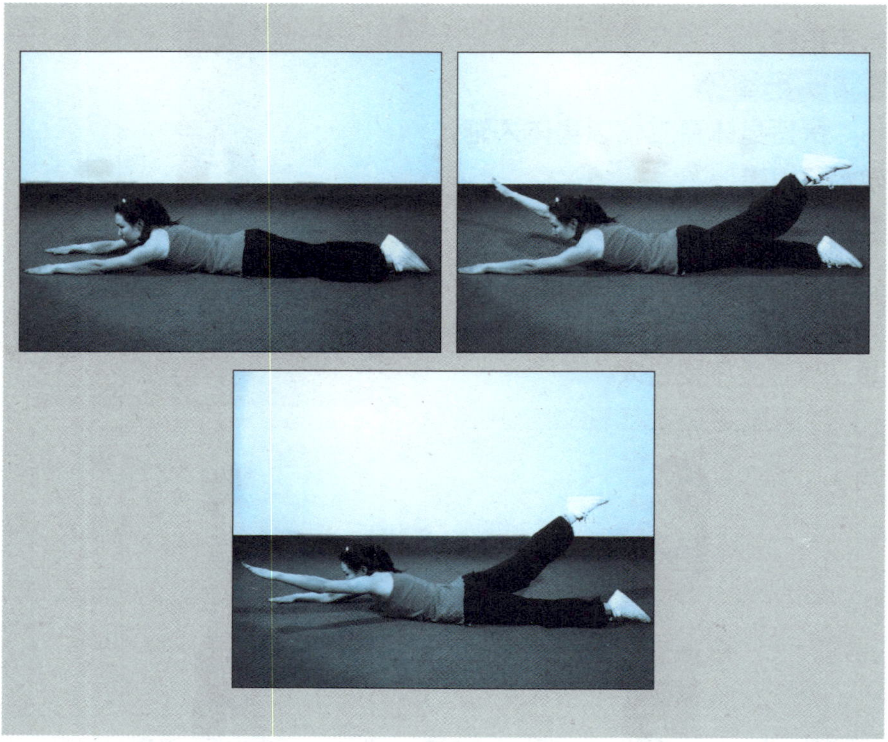

图 3-2-42

仰卧起坐

动作方法 见图 3-2-43

仰卧屈膝，两脚同肩宽，腹肌收缩，上体抬起，臀部始终保持与地面接触。

技术要点

利用腹部收缩力量使上体抬起，保持臀部始终与地面接触。

错误纠正

练习时易出现背部贴于地面、臀部抬离地面等问题。因此，应控制动作幅度，将腹部收紧，保持臀部始终贴于地面。

图 3–2–43

仰卧举腿

动作方法 见图 3–2–44

仰卧，两腿略屈膝上举，腹肌收缩，使髋部向上抬起，注意不要用惯性。

技术要点

两腿上举，腹直肌收缩，髋部向上用力，保持腰部以上部位贴于地面。

错误纠正

练习时易出现两腿弯曲，利用惯性完成动作等问题。因此，应保持两腿共同用力，控制动作速度，保持动作匀速进行。

图 3–2–44

下肢动作

下肢动作是健美操基本动作之一，是以下肢为主要活动部位的运动，包括无冲击步法、低冲击步法和高冲击步法等。

无冲击步法

弹动

动作方法 见图 3-2-45

膝关节做有弹性的屈伸。

技术要点

身体放松，做小幅度的屈伸运动。

错误纠正

练习时易出现身体向下蹲等问题。因此，应将臀部立起，保持膝关节放松，做小幅度运动。

图 3-2-45

半蹲

动作方法 见图 3-2-46

两腿并拢，屈膝，臀部后撤，保持重心向下。

技术要点

重心向下，臀部后撤。

错误纠正

练习时易出现身体后仰、髋部前顶等问题。因此，应收紧核心部位，髋部向后。

图 3-2-46

弓步

动作方法 见图 3-2-47

一腿向前(侧、后)迈出,屈膝,另一腿伸直。

图 3-2-47

技术要点

(1)保持前腿 90 度弯曲,后腿伸直, 髋部转向前腿膝关节的方向。

(2)腰部向上立起,垂直于地面。

错误纠正

练习时易出现后腿弯曲、髋部前挺、身体前倾等问题。因此,后腿应用力,收紧核心部位。

提踵

动作方法 见图 3-2-48

脚跟向上提起,然后还原。

图 3-2-48

技术要点

保持身体直立, 两腿并拢,重心向上抬起,前脚掌用力。

错误纠正

练习时易出现重心不稳、身体前倾或后仰等问题。因此，应将腿部肌肉收紧，重心向上，从而稳定身体。

箭步蹲

动作方法 见图 3-2-49

一腿向前一步，屈膝，另一腿在后方，屈膝，脚跟上提，小腿与地面呈 90 度角。

技术要点

保持小腿与地面垂直，重心在两脚间。

错误纠正

练习时易出现膝关节超过脚尖等问题。因此，应将重心放在两脚间，保证小腿与地面垂直。

图 3-2-49

低冲击步法

a.踏步类

踏步

动作方法 见图 3-2-50

单拍完成的动作，两脚在原地交替抬起和落地。

技术要点

大腿带动膝关节上抬，小腿、踝关节放松。

错误纠正

练习时易出现全脚掌着地等问题。因此，踏步时，应由前脚掌过渡到全脚掌完成落地动作。

图 3-2-50

一字步

动作方法 见图 3-2-51

4 拍完成的动作，两脚依次向前迈一步，并拢，再依次退一步，还原。

技术要点

每次落地，两脚依次顺势缓冲。

错误纠正

向前迈步并拢后易出现另侧脚退回等问题。因此，应多加练习，体会动作要领。

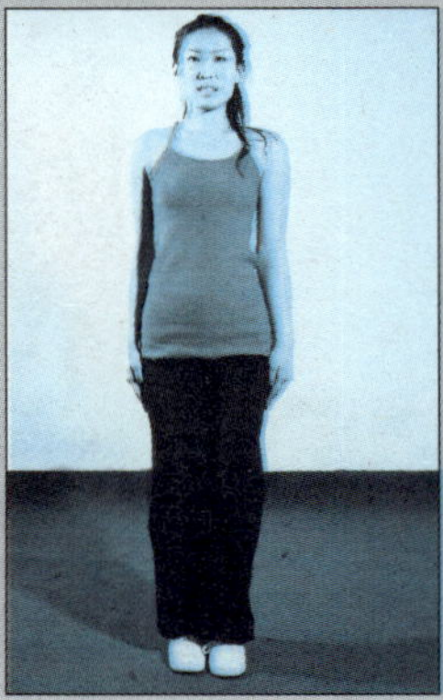

图 3-2-51

V字步

动作方法 见图 3-2-52

(1)4 拍完成的动作，以右脚为例，右脚向右前迈一步，屈膝缓冲，左脚向左前迈一步，屈膝缓冲，两脚运动轨迹呈“V”字形。

(2)从右脚开始依次退回原位。

技术要点

迈步的同时，移动重心，屈膝缓冲。

错误纠正

练习时易出现直腿迈步等问题。因此，应移动重心，膝关节做缓冲，与脚尖方向保持斜前 45 度角方向。

图 3-2-52

曼巴步

动作方法 见图 3-2-53

（1）4 拍完成的动作，以右脚为例，右脚向前或向侧迈一步，屈膝缓冲，重心前移，左脚略抬起。

（2）重心后移，右脚还原，左脚略抬起。

技术要点

迈步的同时移动重心，动作自然。

错误纠正

练习时易出现身体转动角度过大等问题。因此，应避免动作幅度过大，保持重心移动的稳定。

图 3-2-53

小曼巴步

动作方法 见图 3-2-54

4 拍完成的动作，以右脚为例，右脚向左前方做二分之一曼巴步，还原。

技术要点

迈步的同时移动重心，动作自然。

错误纠正

练习时易出现身体转动角度过大等问题。因此，应避免动作幅度过大，保持重心移动的稳定。

图 3-2-54

桑巴步

动作方法 见图 3-2-55

（1）4 拍完成的动作，以右脚为例，左脚向右脚后做二分之一曼巴步。

（2）左脚向前踏一步，右脚向左脚后再做一个后二分之一曼巴步。

技术要点

迈步的同时，向后移动重心，动作自然。

错误纠正

练习时易出现身体转动角度过大，导致动作变形等问题。因此，应避免动作幅度过大，保持重心移动的稳定。

图 3-2-55

恰恰步

动作方法 见图 3-2-56

2 拍完成的动作，以右脚为例，右脚向前迈一步，后半拍左脚在右腿后方快速跟进一步，或跳起并步，然后右脚再向前一步。

技术要点

前脚掌着地，重心向上。

错误纠正

练习时易出现步法混乱、重心前倾等问题。因此，应掌握步法节奏，合理移动重心。

图 3-2-56

b.迈步类

并步

动作方法 见图 3-2-57

（1）2 拍完成的动作，以右脚为例，右脚向右侧迈一步，左脚前脚掌并于右脚，略下蹲。

（2）然后做反方向动作。

技术要点

移动重心时，注意膝关节的弹动和缓冲。

错误纠正

练习时易出现第一步重心向下，屈膝过度等问题。因此，应在第一步时重心向上，保持身体整体移动，膝关节做缓冲。

图 3-2-57

交叉步

动作方法 见图 3-2-58

(1)4 拍完成的动作，一腿向侧迈出，另一腿在其后交叉，略屈膝，随之再向侧一步，另一脚点地并拢。

(2)然后做反方向动作。

技术要点

第一步脚尖向斜 45 度角的方向迈出，第二步注意屈膝。

错误纠正

练习时易出现脚尖方向向前、后腿不屈膝，从而导致重心不稳等问题。因此，应摆正脚尖位置，注意屈膝动作。

图 3-2-58

迈步后屈腿

动作方法 见图 3-2-59

(1)2 拍完成的动作，一腿向侧迈一步，略屈膝，另一腿的小腿后屈。

(2)然后做反方向动作。

技术要点

(1)迈步的同时，移动重心，抬起的大腿一侧应该与身体在一个水平面内。

(2)后脚脚尖绷直，脚跟贴近臀部。

错误纠正

练习时易出现身体弯曲、屈腿不够充分等问题。因此，应保持重心稳定，髋部打开。

图 3-2-59

迈步吸腿

动作方法 见图 3-2-60

2 拍完成的动作，一腿向前或向侧迈一步，另一腿屈抬膝至水平，然后还原。

技术要点

吸腿同时收紧腹部，膝关节上提，髋部收起。

错误纠正

练习时易出现髋部前顶、身体后仰等问题。因此，应收紧核心部位，收髋。

c.点地类

脚跟前点地

动作方法 见图 3-2-61

2 拍完成的动作，一腿略屈膝站立，另一腿脚跟前点地，然后还原。

技术要点

脚尖用力上勾，点地时，腿部伸直，重心留在屈膝腿上。

错误纠正

练习时易出现前点地的同时，后腿不屈膝等问题。因此，应注意将重心留在后腿，重心下降。

图 3-2-60

图 3-2-61

侧点地

动作方法 见图 3-2-62

2 拍完成的动作，以右脚为例，左腿略屈膝站立，右腿脚跟右侧点地，然后还原。

技术要点

脚尖用力上勾，点地时，腿部伸直，膝关节外摆，重心留在屈膝腿上。

错误纠正

练习时易出现侧点地的同时，后腿不屈膝等问题。因此，应注意将重心留在后腿，重心下降。

图 3-2-62

后点地

动作方法 见图 3-2-63

2 拍完成的动作，一腿略屈膝

站立，另一腿脚尖向后点地，腿向后打直，然后还原。

技术要点

支撑腿膝关节弯曲，重心留在前侧腿上。

错误纠正

练习时易出现身体后仰等问题。因此，应保持重心的稳定，腹部收紧。

图 3-2-63

d.抬起类

吸腿

动作方法 见图 3-2-64

2 拍完成的动作，一腿支撑地面，另一腿屈膝向上抬起，还原。

技术要点

吸腿的同时，收紧腹部，膝关节上提，髋部收起。

错误纠正

练习时易出现髋部前顶、身体后仰等问题。因此，应收紧核心部位，收髋。

图 3-2-64

踢腿

动作方法 见图 3-2-65

2 拍完成的动作，一腿支撑地面，另一腿向前或向侧弹踢，还原。

技术要点

动作的节奏和幅度要与音乐相符，弹踢要做得到位。

图 3-2-65

错误纠正

练习时易出现动作无节奏等问题。因此，应多跟随音乐练习。

摆腿

动作方法 见图 3–2–66

2 拍完成的动作，一腿支撑地面，另一腿向前或向侧摆踢，还原。

技术要点

一腿直立，另一腿沿身体平面摆动。

错误纠正

练习时易出现屈腿等问题。因此，应尽量将膝盖伸直。

图 3–2–66

高冲击步法

a.迈步起跳类

上步吸腿跳

动作方法 见图 3–2–67

左脚迈一步，同时蹬地起跳，另一腿吸起，单脚落地。

技术要点

在上步吸腿的基础上，加上蹬地动作。

错误纠正

练习时易出现身体扭转等问题。因此，应保持动作幅度，并进行身体控制。

图 3-2-67

开合跳

动作方法 见图 3-2-68

4 拍完成的动作，两腿并拢屈膝向上跳起，落地呈开立，然后再向上跳起，两腿并拢还原落地。

技术要点

重心下沉，两腿弯曲，腰部直立，注意膝关节缓冲。

错误纠正

练习时易出现身体向前、不屈膝等问题。因此，应注意重心向下，将腿打开。

图 3–2–68

弓步跳

动作方法 见图 3–2–69

单拍完成的动作，两腿并拢起跳，落成一腿在前、一腿在后的弓步，或半侧面的弓步。

技术要点

前脚在接触地面的一刹那，快速交换另一侧腿，并且后腿蹬直。

错误纠正

练习时易出现身体向前倾或

向后、后腿不蹬直等问题。因此应重心向上，将腿打开。

图 3-2-69

b.单腿起跳类

弹踢腿跳

动作方法 见图 3-2-70

(1)2 拍完成的动作，左脚抬起后屈，右脚起跳，同时将左腿伸直向前(后、侧)踢出，然后左脚落地，同时右腿后屈。

(2)做反方向或下一个动作。

技术要点

在弹踢腿基础上跳起，要完全屈腿后，向前或侧面踢出。

错误纠正

练习时易出现甩腿等问题。因此，应控制脚尖，尽量绷直脚尖。

图 3-2-70

钟摆跳

动作方法 见图 3-2-71

单拍完成的动作，右腿直腿向侧摆起，同时左脚跳起，下落时右脚着地的同时，左腿摆起，两腿像摆钟一样来回摆动。

技术要点

上体直立，摆腿时抓住动作的时机，另一侧腿沿身体平面摆动。

错误纠正

练习时易出现身体弯曲等问题。因此，应上体用力，髋部向外侧打开。

图 3-2-71

c.后踢腿跑类

后踢腿跑

动作方法 见图 3–2–72

两脚经过腾空后，一脚落地，另一腿小腿后屈，然后依次交替进行。

技术要点

后踢的脚应充分屈伸，如同跑步，但脚跟贴近臀部。

错误纠正

练习时易出现屈伸不完全，脚跟没有贴近臀部等问题。因此，应充分屈伸，将脚跟贴近臀部。

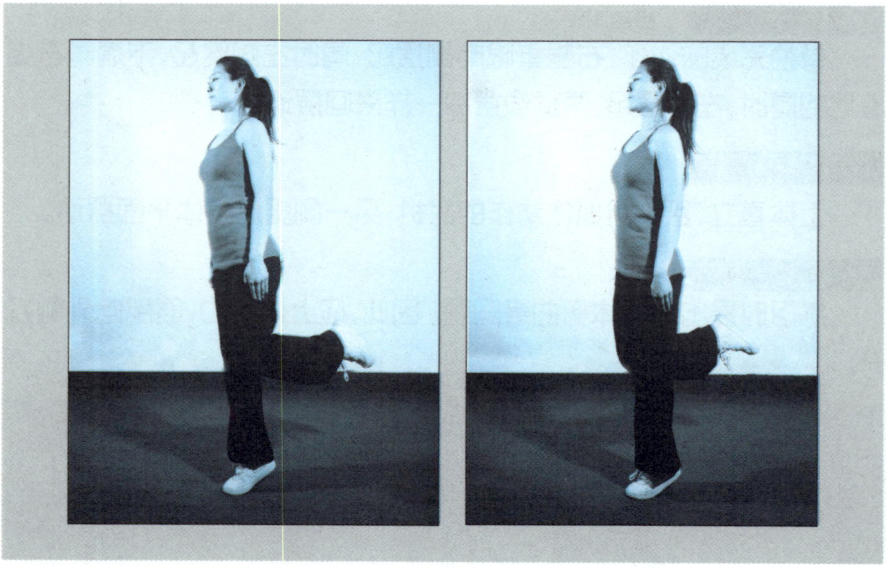

图 3–2–72

小马跳

动作方法 见图 3–2–73

2 拍完成的动作，右脚抬起，左脚蹬离地面跳起，向侧跳一小步，右、左脚依次落地，并交替腿小跳，至右脚站立、左脚前脚掌点地。

技术要点

抬离地面的同时保持两腿弯曲，一侧腿点地，依次交换。

错误纠正

练习时易出现膝盖僵直等问题。因此，练习时应充分放松腿部。

图 3-2-73

第四章 健美操成套动作

健美操成套动作是由若干个基本动作组成，配合音乐完成的规定和非规定动作，包括单一组合动作和成套综合动作两部分。通过成套动作的练习，能够使练习者进一步掌握健美操的各个动作，增强身体的协调性。

第一节
单一组合动作

练习单一组合动作，可以培养练习者的协调性与韵律感，帮助其更快速地练好健美操。单一组合动作包括手臂动作组合和步法动作组合等。

手臂动作组合

基本手臂是健美操上肢动作中最小的单位，将基本手臂进行不同的变化组合，能够培养练习者的协调性、韵律感，可以使练习者更快地了解、掌握健美操上肢动作，以及手臂动作之间的变化规律。这一部分列举了 8×8 拍手臂组合范例，均为两拍一动、一拍一动组合。练习时可选择有节奏感，但是略慢一些的音乐。

动作方法 见图 4-1-1

（1）第一个 8 拍：1 拍两臂胸前交叉，握拳，拳心向内；2 拍两臂斜上举，开掌，掌心向外；3 拍与 1 拍动作相同；4 拍两臂斜下举，开掌，掌心向外；5～8 拍与 1～4 拍动作相同。

（2）第二个 8 拍：1 拍胸前平屈，握拳，拳心向下；2 拍两臂下举，握拳，拳心向后；3 拍两臂胸前平举，花掌，掌心向上；4 拍呈直立姿势；5～8 拍与 1～4 拍动作相同。

（3）第三个 8 拍：1～2 拍左臂胸前平屈，右臂侧平举，握拳，拳心向下；3～4 拍与 1～4 拍动作相同，方向相反；5～6 拍两臂头上击掌，五指并拢；7～8 拍呈直立姿势。

（4）第四个 8 拍：1～2 拍两臂斜下举，开掌，拳心向后；3～4 拍两臂体前交叉，握拳，拳心向内；5～6 拍两臂斜上举，花掌，掌心向上；7～8 拍呈直立姿势。

（5）第五个 8 拍：1～2 拍右臂前平举，五指并拢，掌心向下；3～4 拍与 1～2 拍动作相同，方向相反；5 拍右手置于头后，开掌，左手不动；6 拍左手置于头后，开掌，右手不动；7 拍两臂斜下举，开掌，掌心向外；

8 拍呈直立姿势。

(6)第六个 8 拍：与第五个 8 拍动作相同，方向相反。

(7)第七个 8 拍：1～2 拍两臂侧上举，握拳，拳心向对；3～4 拍两臂胸前上举，握拳，拳心向内；5～6 拍与 1～2 拍动作相同；7～8 拍与 3～4 拍动作相同。

(8)第八个 8 拍：1 拍左臂斜上举，并掌，掌心向下；2 拍右臂斜上举，并掌，掌心向下，左臂保持不动；3～4 拍胸前击掌两次；5 拍左臂斜下举，并掌，掌心向内；6 拍右臂斜下举，并掌，掌心向内，左臂保持不动；7～8 拍与 3～4 拍动作相同。

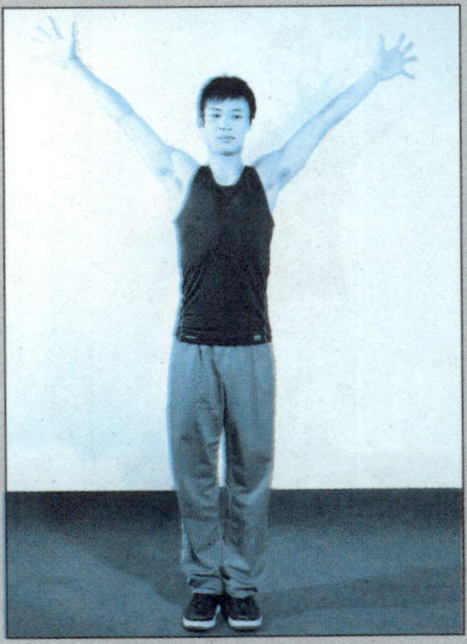

技术要点

(1)在做平举与平屈类动作时，要做到上臂与地面平行，注意屈臂的角度。

(2)在做斜举类动作时，手臂与身体的夹角呈 45 度。

(3)在做上举与手臂向下时，两臂应夹紧身体。

错误纠正

练习时易出现手臂伸不直，肘关节屈的角度不正确，发力不均匀等问题。因此，应多对照镜子练习，以规范动作。

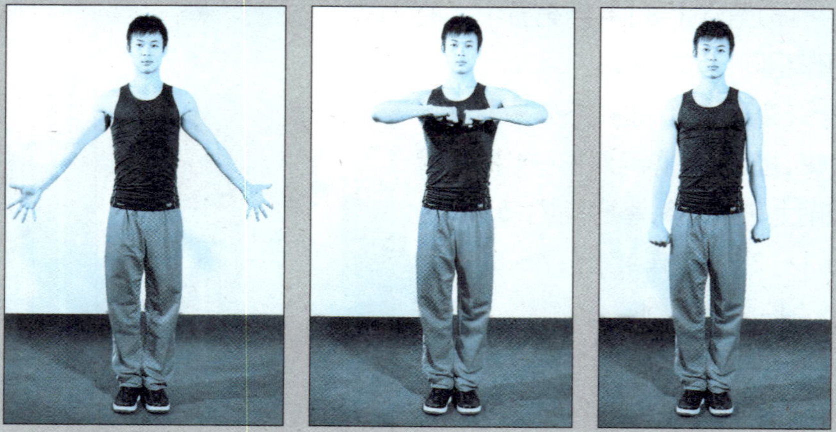

第一个 8 拍

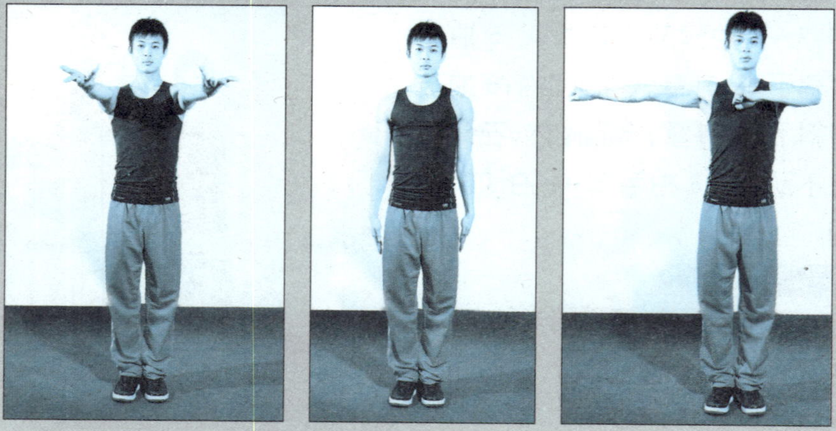

第二个 8 拍

第三个 8 拍

第四个 8 拍

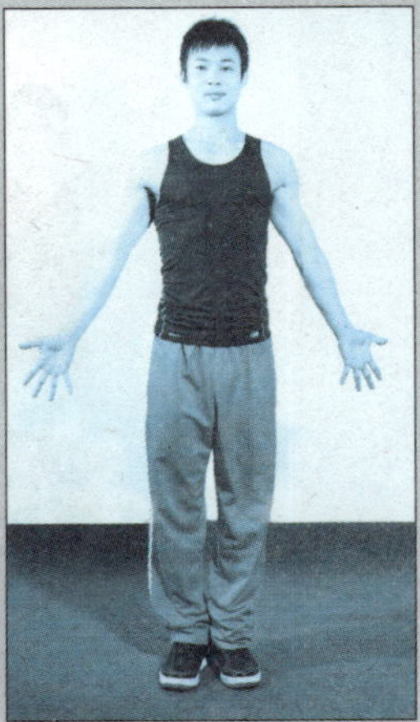

第五个 8 拍

第七个 8 拍

第八个 8 拍

图 4-1-1

步法动作组合

基本步法是健美操动作中最小的单位，将基本步法进行不同的变化组合，能够培养练习者的协调性、韵律感，可使练习者更快地了解、掌握健美操基本动作，以及动作之间的变化规律。这一部分列举了 8×8 拍步法组合范例，均为低、高冲击步法组合，适宜选择节奏感强，每 10 秒 26 拍的音乐。

动作方法 见图 4-1-2

(1)第一个 8 拍：1 拍左脚向左侧迈出一步；2 拍右脚向左脚靠拢；3～4 与 1～2 拍动作相同，方向相反；5～8 拍与 1～4 拍动作相同。

(2)第二个 8 拍：1 拍左脚向左侧点地，右腿略屈；2 拍左脚还原，两膝略屈；3～4 拍与 1～2 拍动作相同，方向相反；5～8 拍与 1～4 拍动作相同。

(3)第三个 8 拍：1～2 拍跳起呈开立；3～4 拍两脚交叉，左脚在前，右脚在后；5～6 拍右脚向侧踢腿跳；7～8 拍呈直立姿势。

(4)第四个 8 拍：1～2 拍左脚向左前 45 度方向并步跳；3～4 拍与 1～2 拍动作相同，方向相反；5 拍左脚向右脚前交叉，转身向右；6 拍两腿开合跳；7 拍保持开合姿势，跳回正方向；8 拍呈直立姿势。

(5)第五个 8 拍：1 拍左脚向左前方 45 度方向迈出一步，膝关节略屈；2 拍与 1 拍动作相同，方向相反；3 拍左脚向后 45 度方向还原；4 拍与 3 拍动作相同，方向相反；5～8 拍与 1～4 拍动作相同。

(6)第六个 8 拍：1 拍左脚向后 45 度方向退出一步，重心后移；2拍与 1 拍动作相同，方向相反；3 拍左脚向前 45 度方向还原；4 拍与 3 拍动作相同，方向相反；5～8 拍与 1～4 拍动作相同。

(7)第七个 8 拍：1 拍右脚向前迈出一步；2 拍左脚向上吸腿；3 拍左脚向后退回，重心向后移动；4 拍呈直立姿势；5～8 拍与 1～4 拍动作相同，方向相反。

(8)第八个 8 拍：1 拍左脚向左侧迈出一步；2 拍右脚向左脚后方迈出，屈膝，重心向左移动；3 拍左脚向左迈出一步；4 拍右脚向左脚并拢，呈直立姿势；5～8 拍与 1～4 拍动作相同，方向相反。

技术要点

练习时，膝关节要有弹性，步法要连贯。

错误纠正

练习时易出现膝关节僵硬、动作不连贯等问题。因此，应先做膝关节弹性练习，且注意方向的变化，动作与动作连接要自然。

第一个 8 拍

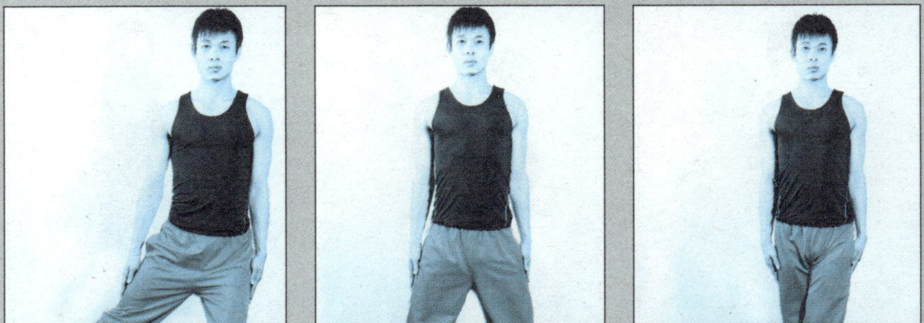

第二个 8 拍

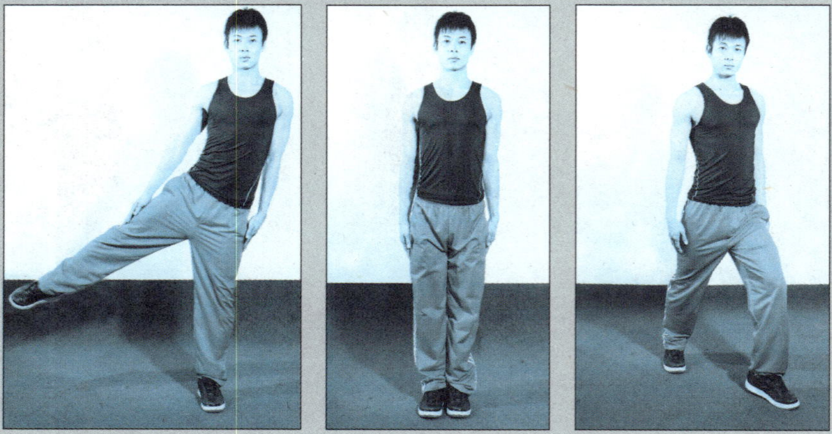

第三个 8 拍

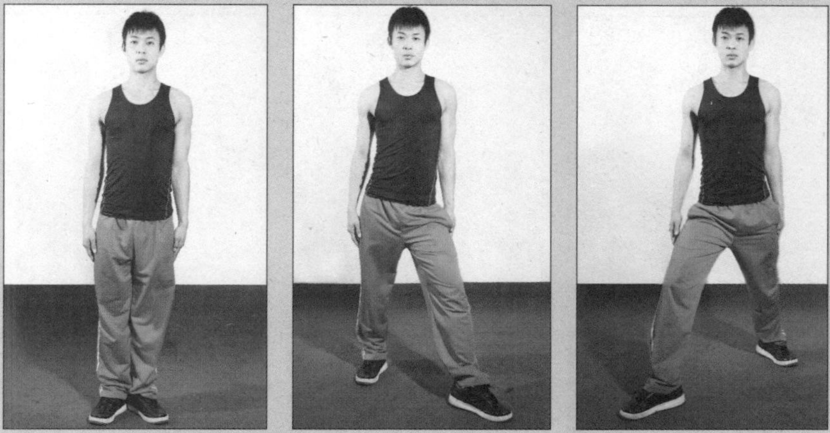

第四个 8 拍

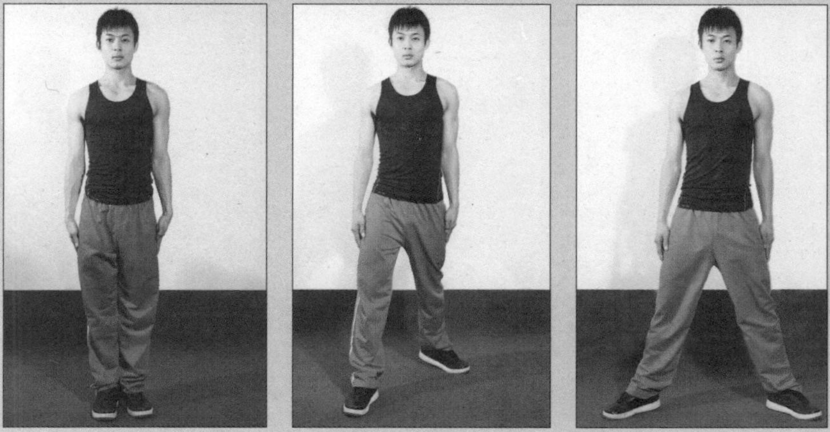

第五个 8 拍

第六个 8 拍

第七个 8 拍

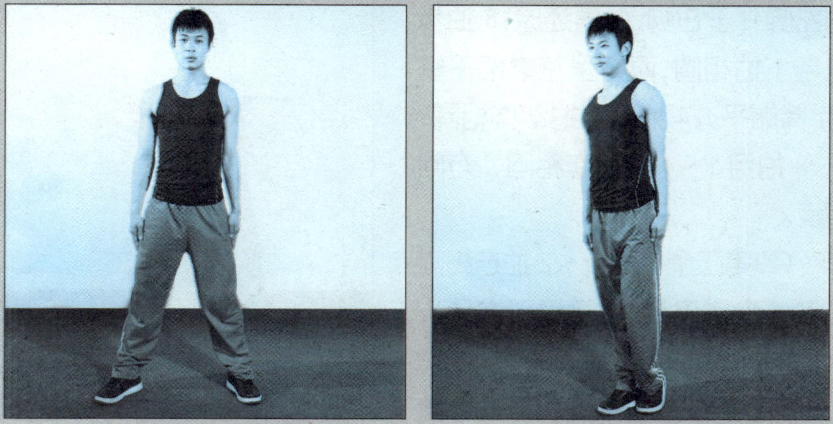

第八个 8 拍

图 4-1-2

第二节 成套综合动作

练习成套综合动作，要求练习者具有一定的健美操锻炼基础，且已经基本掌握了健美操基本动作及基本动作组合。本节共列举了大众健美操和表演性健美操两套动作。通过这两套动作的练习，可使练习者掌握健美操的动作变化规律，并且具有上台表演的能力。

大众健美操

大众健美操动作优美，连接巧妙，具有活力，可以使练习者的全身得到锻炼，塑造健美的姿态与形体，培养良好的气质。本套大众健美操动作共分为四组，每组均为 4 × 8 拍。

第一组

动作方法 见图 4-2-1

（1）第一个 8 拍：1 拍右脚向右迈出一步（腿部弹动），两臂胸前平屈，拳心向下(手臂离胸一拳远)；2 拍左脚并于右脚，两臂还原；3 拍步法与 1 拍相同，两臂呈花掌前平举(手臂端平)；4 拍与 2 拍动作相同；5～8 拍与 1～4 拍动作相同，方向相反。

(2)第二个 8 拍：1～2 拍右脚向前做一个曼巴步(注意腿部弹动)，手臂胸前平屈，手掌呈分掌状，掌心向外；3～4 拍右脚向后做一个曼巴步，手臂与 1～2 拍动作相同；5～6 拍右脚向左脚前迈一步，身体左转 90 度(身体夹紧，不要乱晃)，两臂侧平举，掌心向外，面向 3 点方向；7～8 拍还原呈直立姿势。

(3)第三个 8 拍：1 拍两腿开合跳(腿部弹动，重心上提)，两臂侧平举，五指并拢，掌心向下；2 拍还原呈直立姿势；3～4 拍与 1～2 拍动作相同；5～8 拍与 1～4 拍动作相同。

(4)第四个 8 拍：1～3 拍由右脚开始向前走 3 步(抬头挺胸)，手臂自然摆动；4 拍左脚向上吸腿(腿要吸平)，手臂自然摆动；5～8 拍与 1～4 拍动作相同。

技术要点

动作要协调自然，手脚配合得当。

错误纠正

练习时易出现手脚配合不协调等问题。因此，应先练习步法，再练习手臂，熟练以后再协调练习。

第一个 8 拍

第二个 8 拍

第三个 8 拍

第四个 8 拍

图 4—2—1

第二组

动作方法

见图 4—2—2

(1)第一个 8 拍：1 拍右脚向前迈一步(腿部弹动，上体挺直)，左臂侧上举，掌心向前；2 拍左脚向前迈一步，呈“V”字，右手臂侧上举，掌心向前；3～4 拍右脚向后迈一步，左脚跟上身体后转，两手胸前击掌两次，面向 5 点方向，左脚并于右脚；5～8 与 1～4 拍动作相同。

(2)第二个 8 拍：1 拍右脚向右迈一步(腿部弯曲，身体不要随腿一起转动)，两手胸前屈，握拳，拳心朝向身体；2 拍左脚向右脚后迈一步，右臂胸前平屈，左臂侧平举，手呈花掌；3 拍右脚向右迈一步，左臂胸前平屈，右臂侧平举，手呈花掌；4 拍还原呈直立姿势；5～8 拍与 1～4 拍动作相同，方向相反。

(3)第三个 8 拍：1～2 拍两腿开合跳(腿部弹动，重心上提)，两臂侧平举，并掌；3～4 拍还原呈直立姿势，两手头上击掌两次；5～8 拍踏步转一周，手臂自然摆动。

(4)第四个 8 拍：1 拍右脚向前点地，左腿弯曲，右腿伸直，脚跟着地，两臂前平举，掌心向下；2 拍右脚还原；3 拍左脚向前点地，右腿弯曲，左腿伸直，脚跟着地，两臂前平举，掌心向下；4 拍左脚还原；5～8 拍与 1～4 拍动作相同，方向相反。

技术要点

注意膝盖弹动。

错误纠正

练习时易出现膝盖僵硬等问题。因此，应加强膝盖的弹动性练习。

第一个 8 拍

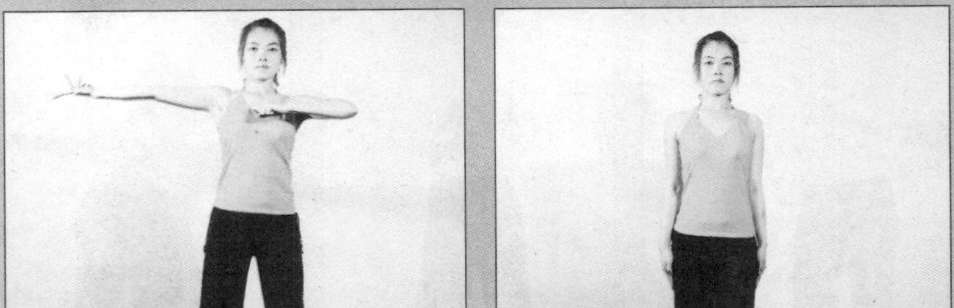

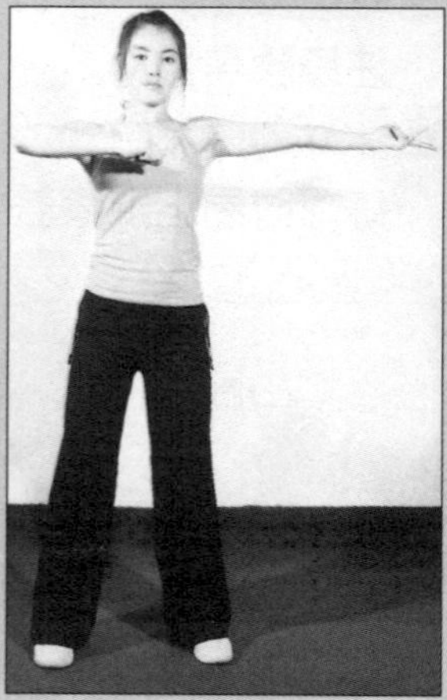
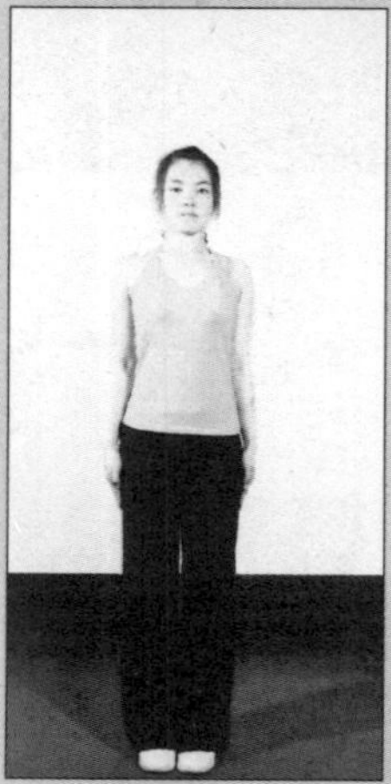

第二个 8 拍

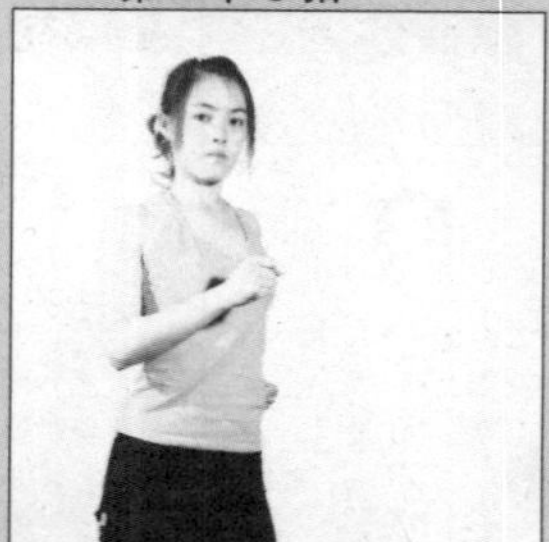
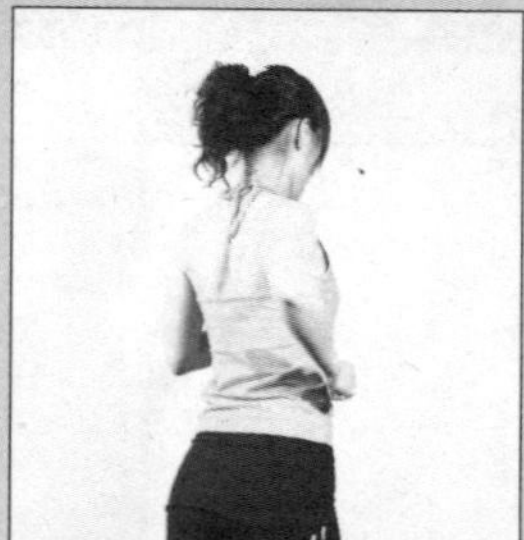

第三个 8 拍　　第四个 8 拍

图 4-2-2

第三组

动作方法 见图 4-2-3

(1)第一个 8 拍:1 拍右脚向右迈一步,两臂自然向前摆动;2 拍左腿向后屈腿(左腿膝关节不要超过右腿膝关节),两臂自然向后摆动;3 拍左脚向左迈一步,两臂自然向前摆动;4 拍右腿向后屈腿,两臂自然向后摆动;5～8 拍与 1～4 拍动作相同,方向相反。

(2)第二个 8 拍:1～8 拍左腿先为主力腿的小马跳(两腿不要分开太大,一条腿弯曲,另一条腿直立),手臂握拳自然上下摆动(手臂伸直,不要立腕)。

(3)第三个 8 拍:与第二个 8 拍动作相同,方向相反。

(4)第四个 8 拍:1～4 拍右腿先向前跳起的并步跳(注意身体方向的变化),两手经腰向胸前击掌。5～8 拍与 1～4 拍动作相同,方向相反。

技术要点

此组动作加入了跳步,练习时应注意跳步落地缓冲。

错误纠正

跳步时易出现膝盖僵直等问题。因此,应加强跳步落地缓冲练习。

第一个 8 拍

第二个 8 拍

第四个 8 拍

图 4-2-3

组合四

动作方法 见图 4-2-4

(1)第一个 8 拍:1 拍右脚向右斜前方迈一步(注意腿部弹动),右臂胸前屈,拳心向身体,面向 2 点方向;2 拍左脚向右斜前方迈一步,两臂胸前屈,拳心向身体;3 拍右脚向后迈一步,两臂胸前平屈,拳心向下,面向 1 点方向;4 拍左脚向右脚侧迈一步, 两臂还原;5～8 与 1～4 拍动作相同,方向相反。

(2)第二个 8 拍:1 拍右脚向后迈一步 (注意弹动, 身体不要前倾),两臂侧平举,掌心向下;2 拍左脚向后迈一步,两臂头上交叉;3 拍右脚向前迈一步, 两臂侧平举,掌心向下;4 拍左脚跟上右脚,两臂还原;5 拍右脚向前迈一步,两臂前后自然摆动;6 拍左脚向上吸腿(吸腿要平,主力腿伸直),两臂向前自然摆动;7 拍左脚向后迈一步(重心不要前移);8 拍右脚向后一步, 还原呈直立姿势。

(3)第三个 8 拍:1 拍右脚向右侧迈一步,身体右转(身体弹动,头向右转),左臂侧上举,掌心向外,面向 3 点方向;2 拍左脚向右侧迈一步,右臂侧上举,掌心向外;3 拍右脚向后侧迈一步, 同时身体左

转，两手胸前击掌一次；4 拍左脚向后迈一步，两手在胸前再次击掌一次；5～8 拍与 1～4 拍动作相同，方向相反。

(4)第四个 8 拍：1～2 拍右腿开始后踢腿跑（膝关节不超过主力腿的膝关节），两臂胸前屈，拳心朝向身体；3～4 拍右腿开始后踢腿跑，两臂上举，拳心向前；5～6 拍右脚开始后踢腿跑，两臂侧平举，拳心向下；7～8 拍还原呈直立姿势。

技术要点

动作要协调自然，手脚配合得当。

错误纠正

练习时易出现动作与动作衔接不自然等问题。因此，应先练习单个动作，熟练以后，再进行动作协调性练习。

第一个 8 拍

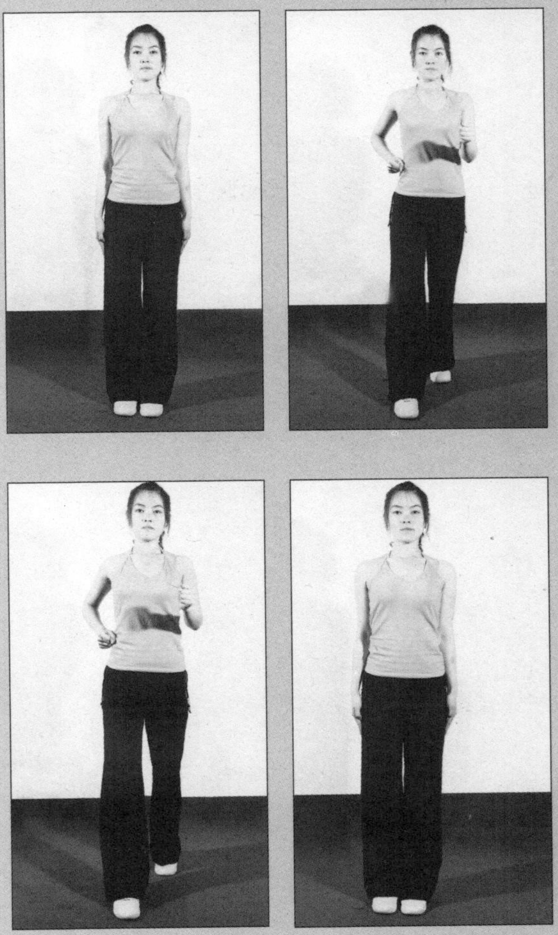

第二个 8 拍

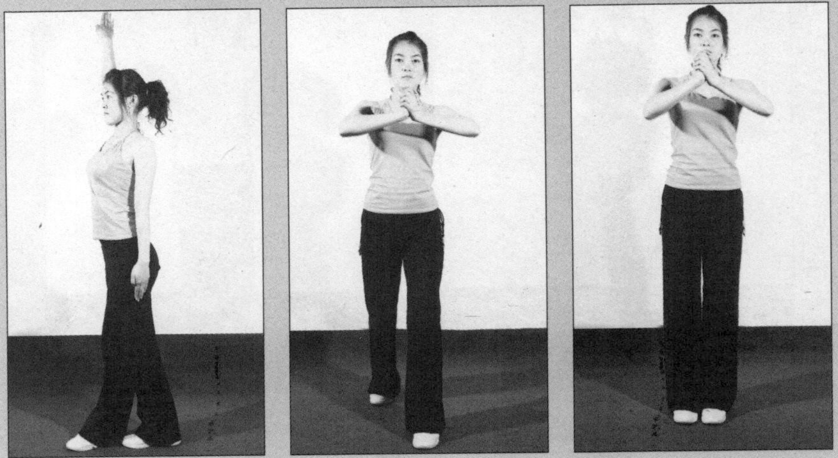

第三个 8 拍

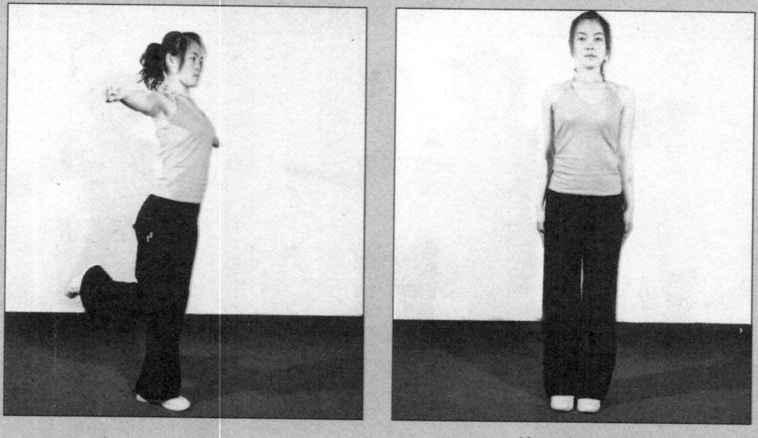

第四个 8 拍

图 4–2–4

表演性健美操

表演性健美操较健身性健美操动作复杂，音乐速度可快可慢，在参与的人数上可是单人，也可是多人，并可在成套动作中加入队形变化和集体配合的动作。表演者可以利用轻器械，还可采用一些风格化的舞蹈动作，以达到烘托气氛、感染观众、增加表演效果的目的。表演性健美操对练习者的身体素质要求较高，不仅要具备较好的协调性，还要有一定的表演意识和集体配合意识。下面介绍一套手拿穗子健美操(也可换成其他器械)，共 16×8 拍。

动作方法 见图 4-2-5

(1)第一个 8 拍：1～2 拍左腿向前呈弓步，两臂斜下 45 度，上身保持正直；3～4 拍左腿收回呈直立，两臂侧上举；5～6 右腿向右迈出呈开立，两膝略屈，两臂胸前弯曲；7～8 拍身体转向右方呈弓步，左臂前平举，右臂上举(右臂贴近耳朵)。

(2)第二个 8 拍：1～2 拍身体直立，右手叉腰，左臂斜上举；3～4 拍右腿向右迈出呈开立，两膝略屈，右手保持不变，左臂移至右斜下方；5～6 拍身体站直，两腿开立，左臂胸前平屈，右臂侧平举；7～8 拍两腿并拢，两膝略屈，两臂胸前弯曲。

(3)第三个 8 拍：1 拍身体直立，两臂上举(手臂贴住耳朵)；2 拍右腿向左腿斜前方迈出，左手叉腰，右臂斜下举；3 拍与 2 拍动作相同，方向相反；4 拍两腿开立，两膝略屈，两臂体前交叉；5～6 拍身体直立，左手叉腰，右臂上举(手臂贴近耳朵)；7 拍左腿向左迈出，左膝略屈，右膝内扣脚尖点地，右臂前平举，左臂侧平举；8 拍身体直立，两臂胸前平屈。

(4)第四个 8 拍：1 拍身体转向右方，呈右弓步，两臂体后相碰；2 拍身体转向 5 点方向，两腿开立，左臂斜上举，右臂侧平举；3 拍两腿开立，两臂放于身体两侧；4 拍身体面向 7 点方向，两腿并拢，两臂胸前平屈；5 拍左腿向前迈出呈弓步，右臂斜下举，左臂放于体侧；6 拍身体转向 1 点方向，两腿开立，左手叉腰，右臂上举；7～8 拍两腿并拢，两膝略屈，两臂胸前弯曲，头部低下。

(5)第五个 8 拍:1 拍吸右腿(绷直脚尖),左臂前平举,右臂侧平举;2 拍两腿开立,左臂斜下举,右臂斜上举;3 拍两腿并拢,左臂斜上举,右臂斜下举;4 拍两膝下蹲,两臂支撑地面,头部埋于两膝之间;5 拍身体转向 7 点方向,左腿弯曲呈 90 度,右膝贴于地面,左臂上举,右臂放于体侧,头部看向 1 点方向;6 拍身体面向 1 点方向,两膝跪地(上身保持正直),两臂胸前平屈;7 拍身体姿势不变,手臂侧平举;8 拍手臂斜上举。

(6)第六个 8 拍:1～2 拍左膝抬起,右膝跪地(大小腿之间的夹角为 90 度),两手扶膝;3 拍两膝弯曲呈 90 度,胸部贴于两腿之间,两手扶膝,低头;4 拍两膝弯曲呈 90 度,胸部贴于两腿之间,两手扶膝,将头抬起看向前方;5～6 拍身体直立,两腿分开,左臂侧平举,右臂斜上举;7～8 拍身体还原,呈直立姿势。

(7)第七个 8 拍:1～2 拍身体转向 7 点方向,两腿开立,左臂胸前平屈,右臂侧平举;3 拍右腿向后迈一步,左腿弯曲,左臂上举,右臂放于体侧,头部看向 1 点方向;4 拍呈左腿弓步,右臂体前斜下举,左臂放于体侧;5～6 拍身体直立,左臂胸前平屈,右臂向上弯曲;7～8 拍身体转向 5 点方向,两腿开立,手臂侧平举。

(8)第八个 8 拍:1～4 拍身体转向 7 点方向,两腿略屈,左臂前平举,右臂由体侧向前经斜下 45 度、90 度、斜上 45 度至头顶(手臂伸直,身体慢慢向前移动,加上顶髋的动作);5～8 两腿略屈,左臂前平举,右臂由头顶向体侧经斜上 45 度、90 度、斜下 45 度至体侧。

(9)第九个 8 拍:1 拍两腿开立,两膝略屈,左手叉腰,右臂左斜下 45 度;2 拍两腿开立,两膝略屈,左手叉腰,右臂侧平举;3～4 拍两腿开立,两膝略屈,左臂侧平举,右臂体前向外一周至左斜下 45 度;5 拍腿部动作不变,左手叉腰,右臂斜上举;6 拍与 4 拍动作相同;7～8 拍左臂侧平举,右臂体前向内绕环至侧平举。

(10)第十个 8 拍:1～2 拍右腿开始向前走两步,手臂自然摆动;3 拍右腿向斜前方迈步,手臂放于体侧;4 拍左腿向斜前方迈步,与右腿在一条直线上;5～6 拍两腿略屈,向左右顶髋各一次,两手扶髋;7～8 拍与 5～6 拍动作相同。

(11)第十一个 8 拍:1～2 拍右腿开始向后迈两步,右臂自然摆动;

3 拍右腿向斜后方迈步，手臂放于体侧；4 拍左腿向斜后方迈步，与右腿在一条直线上，手臂同 3 拍；5～6 拍两腿略屈，向左右顶髋各一次，两手扶髋；7～8 拍与 5～6 拍动作相同。

（12）第十二个 8 拍：1～4 拍身体转向 7 点方向，左腿略屈，右腿伸直，手臂放于体侧，身体慢慢向下弯曲，同时振胸（4 次）；5～8 拍身体弯曲至 90 度，上半身由左向右做水平转动至身体直立（转动时头部始终直立，目视前方），手臂略离开身体两侧。

（13）第十三个 8 拍：1 拍两腿分开，右臂在前，左臂在后（手臂伸直，拳心向里）；2 拍两腿并拢立脚尖，两臂上提；3～4 拍与 1～2 拍动作相同，方向相反；5～8 拍与 1～2 拍动作相同，做 2 次。

（14）第十四个 8 拍：1～2 拍右脚开始向前两步，手臂自然摆动；3 拍右脚在前左脚在后，上半身弯曲 90 度，两臂经体前打开至侧平举，目视地面；4 拍将上半身还原；5～8 拍动作与 1～4 拍动作相同（向后做）。

（15）第十五个 8 拍：1 拍抬左膝，屈右臂，左臂自然摆动；2 拍与 1 拍动作相同，方向相反；3 拍两腿开立，右臂侧平举，左臂放于体侧；4 拍腿部和左臂不动，右手扶于脑后；5～6 拍右腿屈膝，左脚脚尖点地，右臂侧平举，左臂放于体侧，头向右倒；7 拍右腿弓步向前，手臂向上弯曲（90 度）；8 拍收左腿还原呈直立，手臂向下弯曲成 90 度。

（16）第十六个 8 拍：1 拍右腿向左腿前方迈出，右臂叉腰，左臂向前摆动；2 拍与 1 拍动作相同，方向相反；3 拍，右脚向右后方点地，两臂斜下举；4 拍两腿不动，上体转向右侧，右臂随之摆至身体右侧；5 拍呈右侧跪立，右腿大小腿呈 90 度角，右手扶于右膝上，左手自然下垂；6 拍，身体转向正面，呈蹲立，两手扶于两膝上；7 拍与 5 拍动作相同，方向相反；8 拍还原呈直立。

技术要点

保持膝盖弹性，注意持器械手臂的发力。

错误纠正

练习时易出现手脚配合不协调等问题。因此，应先练习步法，再练习徒手动作，熟练后再进行持器械练习。

第一个 8 拍

第二个 8 拍

第三个 8 拍

第四个 8 拍

第五个 8 拍

第六个 8 拍

第七个 8 拍

第八个 8 拍

第九个 8 拍

第十个 8 拍

第十一个 8 拍

第十二个 8 拍

第十三个 8 拍

第十四个 8 拍

第十五个 8 拍

第十六个 8 拍

图 4-2-5